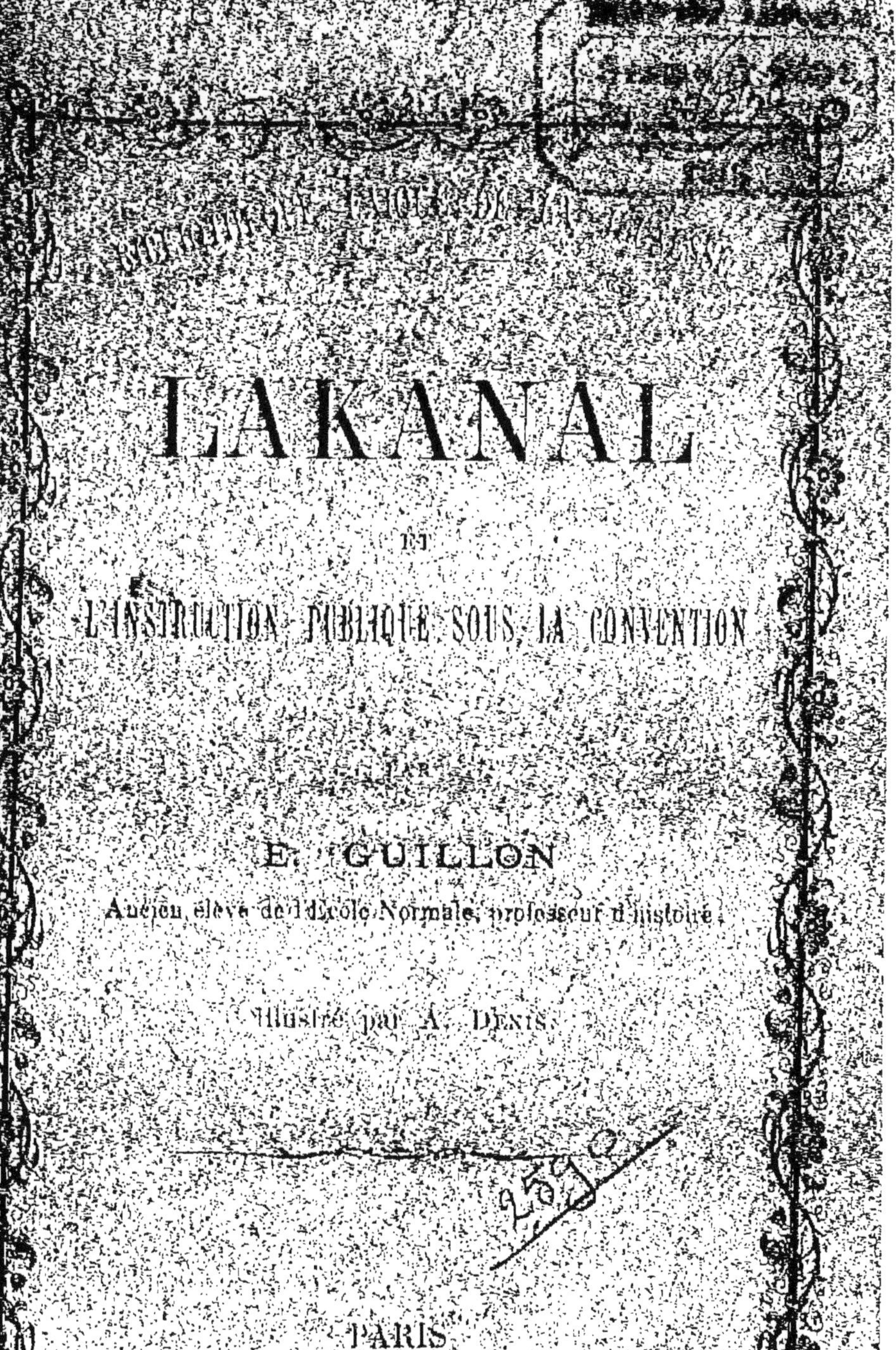

LAKANAL

ET
L'INSTRUCTION PUBLIQUE SOUS LA CONVENTION

PAR

E. GUILLON

Ancien élève de l'École Normale, professeur d'histoire

Illustré par A. DENIS

PARIS

LIBRAIRIE D'ÉDUCATION LAÏQUE

RUE HAUTEFEUILLE

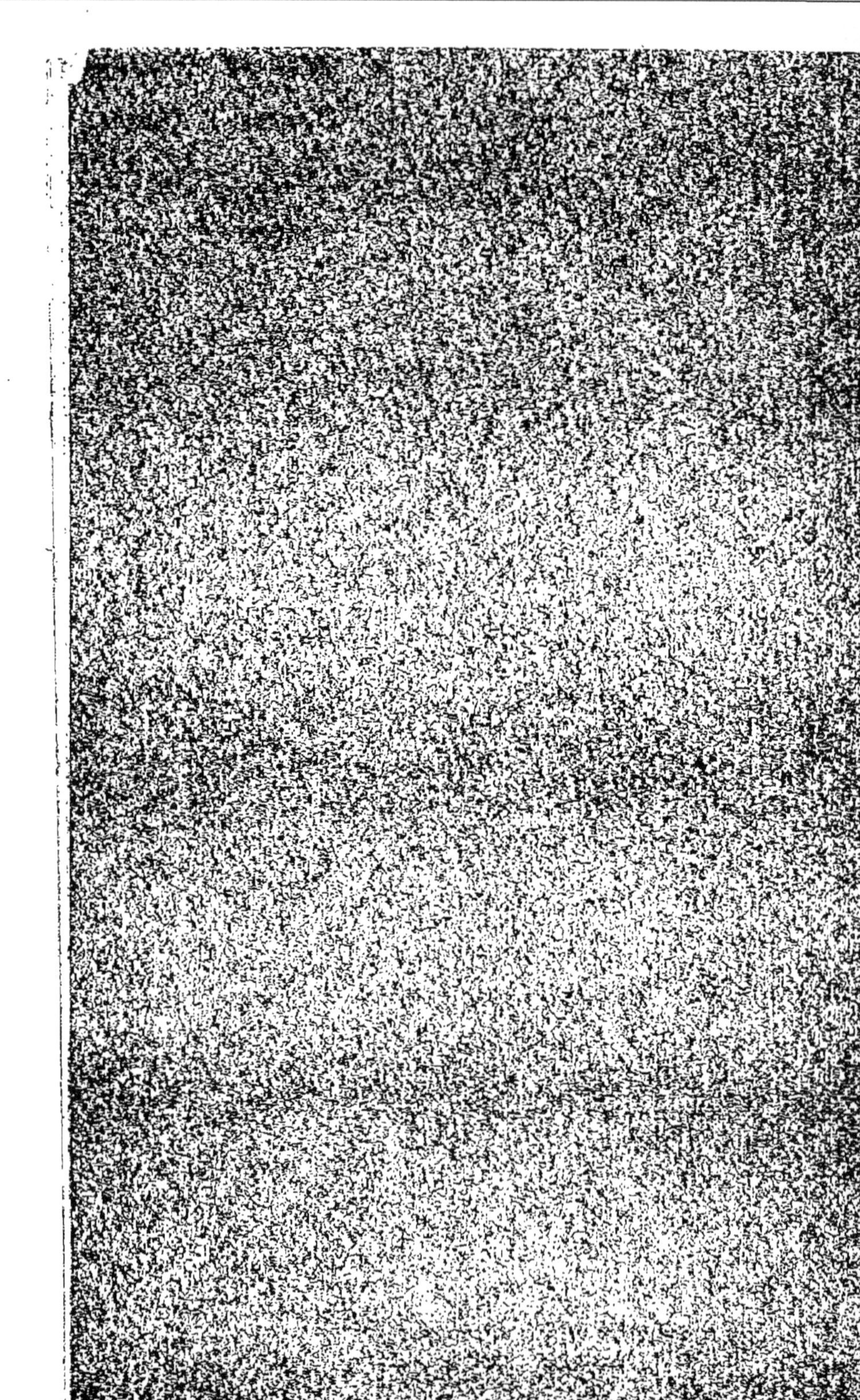

LAKANAL

ET

L'INSTRUCTION PUBLIQUE SOUS LA CONVENTION

VERSAILLES

IMPRIMERIE CERF ET FILS

RUE DUPLESSIS, 59

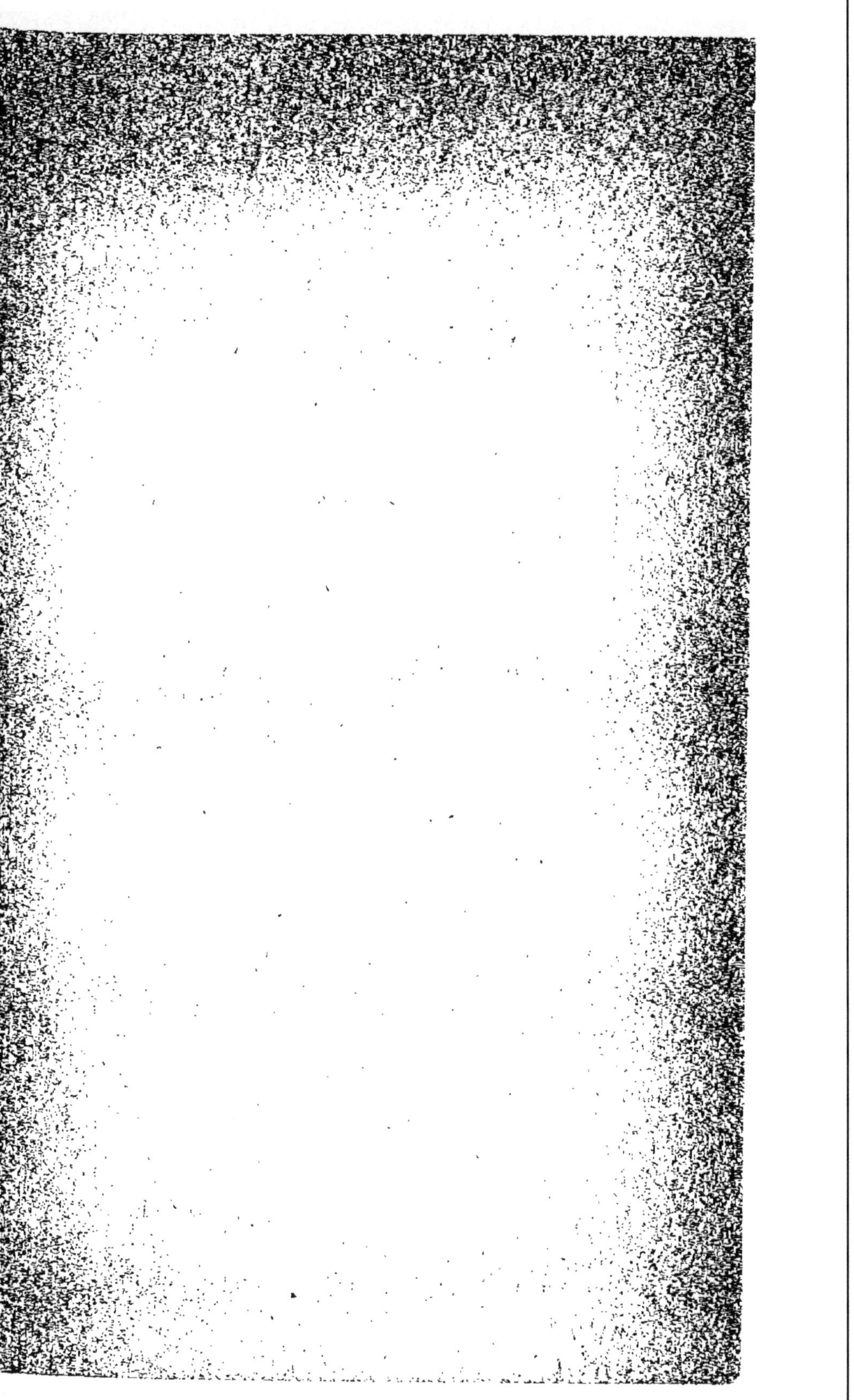

LAKANAL.

LAKANAL

ET

L'INSTRUCTION PUBLIQUE SOUS LA CONVENTION

PAR

E. GUILLON

Ancien élève de l'Ecole Normale, professeur d'histoire

Illustré par A. DENIS.

PARIS

LIBRAIRIE D'ÉDUCATION LAÏQUE

1 *bis*, RUE HAUTEFEUILLE

1.

PRÉFACE

Les hommes de la Révolution ne cesseront pas d'exciter notre admiration et notre reconnaissance. Ils ont fait de nous ce que nous sommes aujourd'hui. Ils ont arraché la France aux entraves de l'ancien régime; ils l'ont protégée, dans sa jeune liberté, contre les assauts de l'Europe coalisée; enfin, ils ont poussé sur la route de l'avenir cette France nouvelle qui est la nôtre.

Parmi ces grands ancêtres, auxquels nous devons tout, chacun connaît ces orateurs superbes qui s'appellent Mirabeau, Vergniaud, Danton; ces soldats héroïques, Hoche, Marceau, Kléber; ces administrateurs éminents, Carnot, qui organisa la victoire, Cambon, qui créa les finances, Merlin de Douai, qui fonda le Code Civil. Mais derrière ces noms éclatants, il en est d'autres, modestes, qui nous paraissent également dignes de notre culte. Ce sont les noms des citoyens laborieux et utiles qui ont consacré à la Révolution leur vie tout entière. Ceux-là avaient appelé la Révolution de tous leurs vœux quand elle n'était pas encore; ils l'ont servie, quand elle est venue; ils l'ont défendue quand elle n'était plus. Ils ont souffert pour elle; ils sont morts oubliés et presque méconnus. Mais ils sont morts avec la conscience d'avoir travaillé à une œuvre immense, et avec une indomptable foi dans l'avenir. De pareils citoyens sont rares. Lakanal fut de ce petit nombre.

Il est peu d'hommes dont la vie présente autant que celle de Lakanal une semblable unité. Dévouement à l'instruction et à la liberté, ainsi se résume cette existence de quatre-vingt-trois ans (1762-1845).

Lakanal a été professeur et représentant du peuple. Professeur, l'étude de l'histoire lui avait rendu le despotisme odieux; député à la Convention, il vota pour l'établissement de la république et l'exécution de Louis XVI. Ce n'était pas assez d'avoir fondé la liberté, il fallait lui assurer l'ave-

nir. L'avenir d'un peuple c'est l'enfance.
Créer un vaste système d'instruction qui
élèverait le citoyen dès l'enfance, le suivrait
dans sa jeunesse, et ne le donnerait à la
société que pourvu des connaissances
nécessaires à l'exercice de la liberté; tel
fut aux yeux de Lakanal le meilleur moyen
de gagner les générations nouvelles à la
République, et d'assurer la durée à la
liberté.

L'ancien professeur, devenu législateur,
se consacra à cette transformation morale
de la France qui devait achever sa transformation politique, et se signala par
d'importants travaux. Il en fut distrait par
les événements politiques. La Convention
l'envoya dans le midi de la France. Le
Directoire lui confia une mission aux bords
du Rhin. L'Empire le contraignit à la
retraite, et la Restauration à l'exil. Mais
toujours, il resta fidèle à la grande cause
de l'instruction publique.

Voilà pourquoi, nous qui poursuivons le
même but que Lakanal, nous voulons que
son nom soit connu et honoré. Or, il n'en
est pas de plus pur, ni qu'on puisse recom-

mander avec plus de confiance à la jeunesse des Écoles, que celui de ce professeur dévoué qui fut un excellent citoyen, et dont la vie doit rester elle-même comme un enseignement et un exemple.

LAKANAL

ET

L'INSTRUCTION PUBLIQUE SOUS LA CONVENTION

CHAPITRE PREMIER

LES PREMIÈRES ANNÉES. LAKANAL PROFESSEUR

Joseph Lakanal naquit le 14 juillet 1762 à
Serres, petite ville des environs de Foix
(Ariège). Il appartenait à une famille de bourgeoisie aisée et bien assise dans le pays, puisqu'un de ses oncles, engagé dans les ordres,
devint évêque constitutionnel de Pamiers.

Le jeune Lakanal fut élevé par les Pères de
la Doctrine chrétienne, congrégation ensei-
gnante, qui avait remplacé les Jésuites dans
beaucoup de collèges de province, après la fameuse dispersion de 1762. Il montra pour l'é-
tude de si heureuses dispositions que ses maî-

tres firent de lui leur collègue. L'écolier, devenu professeur (sans se vouer toutefois à la prêtrise), parcourut alors tous les degrés de la hiérarchie scolaire. Il fut, successivement, régent de cinquième à Lectoure, de quatrième à Moissac, de troisième à Gimont (Gers), de seconde à Castelnaudary, de rhétorique à Périgueux. Reçu docteur ès arts à l'Université d'Angers, il professa, trois ans encore, la rhétorique au collège de Bourges. Nommé en philosophie, à Moulins, il occupait cette chaire depuis 1786, quand il fut envoyé, par ses concitoyens de l'Ariège, à la Convention nationale. Il n'avait que trente ans.

Voilà le peu que nous savons, et par lui-même, sur cette première période de sa vie (1). Mais on imagine sans peine que ces années dont il parle si vite ont été longuement remplies. Dans la solitude monotone et endormie des petites villes, ce jeune homme a tenu, par le travail, son esprit en éveil. Il n'a pas cependant négligé les hommes pour les livres. Bien au contraire ; il a contemplé autour de lui les abus du despotisme vieillissant ; il a songé devant le présent misérable à un avenir meilleur, et c'est ainsi que, lentement, sous le professeur modeste, s'est formé le révolutionnaire énergique.

---

(1) Voir l'appendice à la fin du volume, pièce n° 1.

CHAPITRE II

LAKANAL A LA CONVENTION. SES SENTIMENTS, SES PREMIERS ACTES

On sait dans quelles conjonctures s'ouvrit la Convention nationale, le 21 septembre 1792. Sur les bancs de la grande et terrible Assemblée, Lakanal rencontra des membres de la Constituante, rendus brusquement à la vie publique : Siéyès, qui avait parlé jusqu'alors, mais qui allait se taire ; Robespierre, qui s'était tu jusqu'alors, et qui allait parler ; la plupart des orateurs de la Législative : Vergniaud, Brissot, Guadet, Isnard, et d'autres qui se sont illustrés et perdus avec les Girondins ; enfin, les hommes nouveaux qu'avait fait surgir la journée du 10 août : Camille Desmoulins, Marat, Legendre, Collot-d'Herbois, et avant tous, l'impétueux et puissant Danton. Quand Lakanal, tiré du fond de sa province, obscur et encore timide, s'assit auprès de pareils hommes, à la veille d'événements qui promettaient d'être extraordinaires, il se demanda ce qu'il pourrait faire pour son pays. Laissant à d'autres les succès de la tribune ou les missions retentissantes, il se contenta simplement d'ê-

tre utile, et il le fut, sans bruit. « Mon unique
» ambition, dit-il, fut toujours de servir mon
» pays en défendant la cause des lettres », et il
ajoute : « Dans les assemblées nationales, je
» ne me suis occupé qu'à combattre le vanda-
» lisme, en provoquant l'établissement des
» institutions consacrées à l'instruction pu-
» blique. » (*Exposé sommaire des travaux
de J. L.*) L'instruction publique, voilà donc
la tâche à laquelle il avait consacré sa vie, et
à laquelle il ne renonça pas, en cessant d'être
professeur.

Dès son entrée à la Convention, il fit partie
du Comité de l'instruction publique, où l'appelaient, avec ses goûts modestes, ses travaux
antérieurs. Composé d'hommes compétents,
comme lui, dont quelques-uns sont restés peu
connus, tels que Mercier, l'auteur du *Tableau
de Paris au XVIII° siècle;* Villar, ancien principal du collège de la Flèche, Arbogast, rec-
teur de l'université de Strasbourg, géomètre
distingué ; mais dont plusieurs sont devenus
célèbres : Daunou, Grégoire, Chénier (Marie-
Joseph), David le peintre, Thibaudeau, qui fut
comte de l'empire; ce comité dont les attribu-
tions étaient si étendues, et dont l'activité fut
si grande (1), allait, durant trois ans, choisir
Lakanal pour président, et seconder ses généreux efforts.

____

(1) Voir l'appendice, pièce n° 2.

En attendant, les premiers actes politiques de Lakanal furent ceux d'un esprit éclairé et d'un caractère résolu. Il vota l'établissement de la république, parce que le despotisme était, à ses yeux, condamné par l'histoire. Il vota la mort de Louis XVI, parce que le roi lui paraissait coupable envers la nation. Du haut de la tribune, où il était monté, suivant l'appel nominal : — « Un vrai républicain parle peu, dit-il. Les motifs de ma décision sont là (la main sur le cœur). Je vote pour la mort. »

D'ailleurs, sans se ranger dans aucun parti, sans se déclarer girondin ni montagnard, Lakanal resta toujours républicain. Ses préférences politiques, qui ne se démentirent jamais durant une existence de plus de quatre-vingt années, se firent jour dans plusieurs circonstances. Ainsi, en juin 1793, on le voit substituer des noms républicains aux noms monarchiques de quelques villes (1). En avril 1794, il demande l'érection d'une colonne à la mémoire des citoyens morts dans la journée du 10 août. En octobre 1795, il réclame des mesures éner-

---

(1) Ces substitutions nous paraissent un peu étranges aujourd'hui, on en jugera. La ville de Mont-*Louis* (Pyrénées-Orientales) devait s'appeler Mont-*Libre*. — Montigny-*le-Roi* (Haute-Marne) Montigny-*Source-Meuse* ; Carla-*le-Comte* (Ariège), Carla-*le-Peuple*, et Bucy-*le-Roi* (Loiret) Bucy-*la-République*.

Mais la Convention avait chargé son Comité de l'Instruction de faire disparaître les vestiges même géographiques de l'ancien régime (voir le *Moniteur* du 1er juin 1793).

giques contre les royalistes du Midi : — « Qu'il
» ne soit pas versé de sang, s'il est possible.
» Mais que le bannissement fasse justice des
» monstres qui voulaient dévorer la Répu-
» blique » (*Moniteur* du 10 octobre 1795). Enfin, en janvier 1796, il demande et obtient que
chaque membre du Conseil des Cinq-Cents
devra renouveler, par écrit, le serment de fidé-
lité à la République et de haine à la royauté.
Toutefois, comme nous le verrons plus tard,
la fermeté de ses convictions ne l'entraîna jamais à des excès d'arbitraire ou de violence.
Elle ne l'empêcha même pas, malgré son amour
pour les institutions nouvelles, de respecter
les créations utiles du passé.

L'ancien régime avait créé des Académies
(Académie française, des Sciences, des Inscriptions et Belles-Lettres, des Beaux-Arts),
petites sociétés intellectuelles aristocratique-
ment constituées, à la fois orgueilleuses envers
le public qui ne les connaissait guère, et ser-
viles envers le pouvoir qui les employait à sa
gloire. Décriées avant la Révolution, elles
furent attaquées, dès son début, dans la Constituante par Lanjuinais, et surtout par Mirabeau ; elles furent menacées encore par la
Convention, surtout par le comité des finances,
qui les signalait comme de coûteuses inutili-
tés. Lakanal espéra que les services rendus
par l'Académie des Sciences la protégeraient,
et avant le rapport de Grégoire sur les Aca-

démies (rapport qui ne fut lu qu'en août 1793),
il obtint, par un vote adroit, le maintien du
traitement des membres de l'Académie des

Lakanal au jardin des plantes (p. 23).

Sciences, parmi lesquels se trouvaient Haüy,
Lavoisier, Lagrange et Laplace.
L'Académie se crut sauvée, et elle envoya à

Lakanal cette lettre, citée par lui, non sans orgueil :

« Au Louvre, le 17 mai 1793, an II de la République française.

» Citoyen législateur,

» L'Académie des Sciences a reçu avec le
» plus vif intérêt la lettre que vous lui avez
» écrite pour lui annoncer le décret rendu par la
» Convention nationale, d'après le rapport que
» vous avez fait au nom du Comité de l'Ins-
» truction publique.... Elle sent combien l'ex-
» ception qui vient d'être faite en sa faveur est
» honorable pour elle, et je suis chargé de
» vous écrire, en son nom, pour vous en faire
» ses remercîments. En défendant la cause
» d'une compagnie qui a été réellement utile
» aux progrès des sciences, vous avez acquis
» des droits à la reconnaissance des véritables
» savants. L'académie en particulier connaît
» tout le prix de ce que vous avez bien voulu
» faire pour elle, et j'ose vous assurer qu'elle
» n'en perdra jamais le souvenir.

» Agréez, etc.

» Le citoyen Desfontaines,
» Secrétaire par intérim. »

Cet ingénieux détour de Lakanal n'empêcha pas cependant la dissolution des Académies qui fut décrétée après le rapport de Grégoire dans la séance du 8 août. Mais la
Convention ne les supprimait que pour les
réorganiser sur un plan nouveau et pour les

fondre dans ce qui devint l'*Institut*, une des plus honorables créations de Lakanal.

La réaction contre le passé ne s'attaquait pas seulement aux institutions, ne fussent-elles que littéraires, comme les académies ; elle s'attaquait encore aux monuments que les arts avaient consacrés, aux souvenirs monarchiques. Non pas que l'époque de la Révolution ait été une période de fureur aveugle et de dévastation systématique. Cette aimable légende propagée par les écrivains royalistes est tombée devant le livre instructif et spirituel que M. Eugène Despois a intitulé, par ironie, le *Vandalisme révolutionnaire* (1). La Révolution a détruit moins de monuments que l'ancienne royauté elle-même qui s'est acharnée sur le moyen-âge féodal ; Richelieu, par exemple, a été un plus terrible démolisseur que la Convention. En revanche, la Révolution, dans sa courte durée, a fait plus de fondations nouvelles que la royauté en plusieurs siècles.

Voilà ce que dit l'histoire. Il faut avouer pourtant que quelques excès avaient été commis (et comment s'en étonner après une aussi longue servitude ?); car Lakanal les signala

---

(1) Eugène DESPOIS. *Le Vandalisme révolutionnaire. Fondations littéraires, scientifiques et artistiques de la Convention*. 1 vol. 1868, Paris.

C'est l'ouvrage d'un homme qui fut comme Lakanal profondément dévoué à l'instruction et à la démocratie.

pour en prévenir le retour. Dans la séance du 4 juin 1793 il monta à la tribune.

« Citoyens, dit-il, les monuments des beaux-arts qui embellissent un grand nombre de bâtiments nationaux reçoivent tous les jours les outrages du *vandalisme* — (cette expression, assez souvent employée par Lakanal, est de son collègue Grégoire). — Des chefs-d'œuvre sans prix sont chaque jour brisés ou mutilés; les arts pleurent des pertes irréparables. Il est temps que la Convention arrête ces funestes excès. Je vous propose, en conséquence, le projet de décret suivant :

» La Convention nationale, ouï le rapport de son Comité d'Instruction publique, décrète la peine de deux ans de fer contre quiconque dégradera les monuments des arts dépendant des propriétés nationales. »

Ce projet de décret fut adopté. « Le lecteur impartial, dit Lakanal (*Exposé des travaux*), observera que ces décrets ont été provoqués aux jours caniculaires de la Révolution. » Moment terrible, en effet ! C'était au lendemain des journées du 31 mai et du 2 juin. La Convention venait de triompher des Girondins. Mais soixante départements se soulevaient contre elle, les frontières du Rhin, des Alpes et des Pyrénées étaient envahies par l'étranger, et la Vendée, victorieuse, débordait hors de ses limites ! C'est pourtant au milieu de ces effroyables dangers, tandis que

« *la République n'était plus qu'une grande ville assiégée et la France qu'un vaste camp* » (Rapport de Barère), c'est alors que la Convention, grâce à des hommes comme Lakanal, trouvait du temps pour s'occuper des lettres et des arts, et pour jeter les bases de ses grandes créations scientifiques. Car à peine quelques jours s'étaient-ils écoulés, Lakanal obtenait de la Convention le mémorable décret du 10 juin 1793 qui constituait le *Muséum d'histoire naturelle*.

Le Jardin des Plantes, acheté par Richelieu, au XVIIe siècle, administré par Buffon, au XVIIIe, et qui s'était si longtemps appelé *Jardin du Roi*, aurait partagé le sort des académies *royales*. Très modeste encore, uniquement consacré à la botanique, sans collection d'animaux vivants, il ne renfermait que trois chaires, occupées par les naturalistes Thouin, jardinier en chef, Desfontaines, de l'Académie des Sciences, et Daubenton, l'ami et le collaborateur de Buffon. Cet inoffensif jardin allait être transformé, par ordre de la Commune de Paris, en un champ de pommes de terre. Mais Lakanal épargna cette faute à la République. Le 9, au matin, il connut le dessein des *Vandales* (c'est encore son expression). Il court, l'après-midi, chez Daubenton, appelle en conseil Thouin et Desfontaines, et reçoit d'eux des notes précieuses qui lui permettent d'écrire un rapport pendant la nuit.

Le lendemain 10 juin, il monte à la tribune, et les Vandales, muets de surprise, l'entendent présenter un vaste projet, aussitôt converti en décret. Le Jardin des Plantes devenait le *Muséum d'histoire naturelle*. Il était non-seulement conservé, mais agrandi. Au lieu de trois chaires, il en était créé douze (1), et ce nombre, plus tard, fut encore augmenté. Parmi les professeurs nommés on remarquait Daubenton, Fourcroy, Brongniart, de Jussieu, Lamark, Thouin, puis un jeune homme de vingt et un ans, l'illustre Geoffroy Saint-Hilaire.

Lakanal disait encore : « Il viendra sans doute un temps où l'on élèvera au Jardin national les espèces de quadrupèdes, d'oiseaux et d'autres animaux étrangers qui peuvent s'acclimater sur le sol de la France, et lui procurer ainsi de nouvelles richesses. » C'était l'idée de notre *Jardin d'acclimatation*.

En attendant, on se procura une galerie d'animaux qu'on demanda à des ménageries ambulantes.

-----

(1) Voici les titres de ces douze chaires :
    1. Minéralogie.
    2. Chimie générale.
    3. Arts chimiques ou chimie appliquée.
    4. Botanique (dans le Muséum).
    5. Botanique (cours dans la campagne).
    6. Culture.
    7 et 8. Cours de zoologie.
    9 et 10. Anatomie humaine et des animaux.
    11. Géologie.
    12. Iconographie (dessin appliqué aux sciences).

Telle fut cette transformation du Muséum qui équivalait à une seconde fondation. C'est ce que constatait une lettre adressée par les professeurs à Lakanal (11 nivôse an II). « Vous êtes le second fondateur, disaient-ils, et nous ne perdrons jamais de vue les services que vous avez rendus. » Le Muséum tint sa promesse. Bien des années après, en 1823, Lakanal vivait retiré aux États-Unis. Il y reçut un exemplaire de l'*Histoire du Muséum* que venait de publier Deleuze, avec cette dédicace :

« A Monsieur Lakanal pour le remercier
» du décret du 10 juin 1793. Offert par les
» professeurs du Muséum d'histoire naturelle
» soussignés :
» Vauquelin, Thouin, Desfontaines, Geof-
» froy Saint-Hilaire, Latreille, Cuvier, Laugier,
» Cordier, Jussieu, Lamark, Brongniart, Lacé-
» pède.

> • Paris, 10 juin 1823. »

Enfin, en 1838, lorsque Lakanal fut rentré en France, une clé spéciale du Jardin des Plantes lui fut offerte, d'après une délibération expresse de tous les professeurs, avec cette inscription : le *Muséum d'histoire naturelle à Monsieur Lakanal*. Reconnaissante et délicate attention qui permit au vétéran de la Révolution de raviver ses dernières années à l'air libre et pur du jardin qu'il avait sauvé!

La sollicitude de Lakanal pour les intérêts de l'intelligence humaine ne se borna pas à protéger les académies, les monuments des arts et les créations de la science. Elle s'étendit plus loin. Elle travailla à sauvegarder même l'avenir. Telle fut la pensée qui, moins d'un mois après la constitution du Muséum lui suggéra son rapport sur la *propriété littéraire* (séance du 19 juillet 1793), rapport suivi d'un décret du même jour, relatif « aux droits de propriété des auteurs d'écrits en tout genre, des compositeurs de musique, des peintres et dessinateurs». Après la *Déclaration des droits de l'homme et du citoyen,* c'était, dit le rapporteur, la *déclaration des droits du génie.*

C'était encourager le travail dans ce qu'il a de plus élevé. Lui-même, d'ailleurs, à la même époque, s'associait aux efforts de l'ingénieur Chappe, et faisait adopter son télégraphe par la Convention.

Chappe avait présenté, en mars 1792, son invention à la Législative, qui l'envoya dormir dans les cartons du Comité de l'Instruction publique. Il la soumit, en 1793, à la Convention. « Plus zélée, dit Lakanal, pour tout ce qui intéresse la gloire des sciences et des arts », celle-ci nomma une commission. Mais Chappe n'en était pas beaucoup plus avancé. Sa correspondance de cette époque, conservée par Lakanal, nous le montre découragé

et rebuté de toutes parts. « Si vous n'étiez
» pas là, écrivait Chappe à Lakanal, je déses-
» pérerais entièrement du succès. Vous lève-
» rez tous les obstacles qu'oppose le comité
» des finances, si peu favorable à tout ce qui
» intéresse les sciences et les lettres. J'espère
» fortement en vous, et n'espère qu'en vous.»

Lakanal étudia la question. Il expérimenta
la découverte avec Chappe lui-même, avec
Daunou, avec Arbogast, persuada le Comité
et la Convention, obtint des fonds et pressa
les travaux. Son rapport est du 25 juillet.
Chappe lui écrivait alors :

« Grâces vous soient rendues mille fois. Vous
avez triomphé de tous les obstacles, que dis-
je ? vous les avez transformés en moyens. Me
voilà pleinement satisfait, le projet est adopté...
Je ne puis que vous offrir ma profonde gratitude, mais elle ne périra qu'avec moi. »

Et encore :

« Je vous dois de nouveaux remercîments.
Vous êtes inépuisable quand il s'agit de m'être
utile... Je prie mon *Créateur* de recevoir
l'hommage de sa créature. » *(Exposé sommaire des travaux de Lakanal.)* — Un an
après, le 1er septembre 1794, Carnot parut à
la tribune, tenant à la main la première dépêche télégraphique. Elle était ainsi conçue:
« Condé est restitué à la République. La red-
dition a eu lieu ce matin à 6 heures. »

Les applaudissements unanimes qui accueil-

lirent cette dépêche, patriotique inauguration
du télégraphe, durent, plus que tout autre,
toucher Lakanal. Mais il n'avait pas seulement
été le « *créateur* » de Chappe. Il avait encore
été l'auxiliaire, et il était resté l'ami de bien
d'autres. La présidence du Comité de l'Instruction publique l'avait mis en relations avec les
principaux savants du temps, avec les écrivains, avec tous ceux qui, comme l'ancien professeur, tandis que nos armées se signalaient
par leurs victoires, travaillaient à la supréma-
tie de l'esprit français.

Tels étaient Laplace, Fourcroy, Monge, Lacroix, Daubenton, Lacépède, Bernardin de
Saint-Pierre, Volney, Garat, Ginguené, Andrieux, Grégoire, etc. Le 2 nivôse an III, Laplace lui envoyait une lettre qui se terminait
par ces mots : « Je vous renouvelle, citoyen,
» ma reconnaissance de tout ce que vous avez
» fait pour les sciences. Elles sauront trans-
» mettre à la postérité les noms de ceux qui,
» dans la crise qu'elles viennent d'éprouver,
» ont constamment lutté contre la barbarie;
» et le vôtre sera l'un des plus distingués. »
Bernardin de Saint-Pierre, l'auteur de *Paul
et Virginie*, lui écrivait : « Citoyen et ami, je
» n'oublierai jamais les derniers services que
» vous m'avez rendus... Je profite de vos of-
» fres. Un mot de recommandation de votre
» part fera un aussi bon effet que dans toutes
» les occasions où vous l'avez employé....

» Mille amitiés, je vous prie, au citoyen Dau-
» benton, qui vous estime et vous aime autant
» que moi. » Citons encore ces autres fragments, — de Ginguené : « Vous êtes vraiment
» le modèle des amis chauds. Je veux faire
» passer en proverbe : servir ses amis comme
» Lakanal », — d'Andrieux : « Vous êtes dé-
» voué à l'instruction publique. Tout bon Fran-
» çais, toute créature raisonnable doit bénir
» vos travaux et faire des vœux pour leur suc-
» cès », — enfin, de Grégoire : « Cette dé-
» marche de votre part est la millième preuve
» de votre dévouement à la cause de la liberté
» et des sciences. Favorisons, par tous les
» moyens, cette double cause. Elle sera tou-
» jours la vôtre et la mienne, fût-elle réduite
» à n'avoir plus que ces deux avocats. »

Ces lettres, Lakanal les cite, simplement,
mais non sans une légitime fierté, dans son
modeste livre. Elles sont les preuves les plus
éloquentes de ses services, les plus touchants
témoignages de cette protection discrète et
éclairée qu'il exerçait autour de lui sous le cou-
vert de sa présidence. Elles sont, en outre,
pour l'histoire de ce temps, dont on a dit tant
de mal sans le connaître, du plus précieux intérêt. Tandis que les documents, enregistrés
par l'histoire, nous disent avec éclat les grands
faits de la politique et de la guerre, ces lettres
tout intimes, qui semblent des confidences
échappées au vieux conventionnel, nous ré-

vèlent ce travail mystérieux et incessant qui s'accomplissait alors dans les esprits, et d'où devait sortir une nation nouvelle.

Toutefois, ces efforts des savants et des écrivains de tout genre n'auraient pas suffi sans l'action du pouvoir central. Ils n'auraient pas entamé les masses profondes du peuple, si longtemps retenu dans l'ignorance. Il fallait, pour transformer la France, un vaste système d'éducation publique. « Il faut absolument, » disait Rabaut-Saint-Etienne (*Moniteur* du » 22 décembre 1792), renouveler la génération » présente en formant, en même temps, la gé- » nération qui va venir. Il faut faire de la » France un peuple nouveau, lui donner des » mœurs en harmonie avec ses lois, lui ins- » pirer la liberté, l'égalité, la fraternité. » — Or, comment y arriver autrement que par l'éducation? — Et Grégoire dira en 1794 : « Re- » constituons la nature humaine en lui don- » nant une nouvelle trempe. Il faut que l'é- » ducation publique s'empare de la génération » qui naît... »

Voilà pourquoi, ainsi que nous le verrons plus loin, cette question d'une éducation nationale a si vivement occupé la Convention, et pourquoi, entre ces deux dates de 1792 et de 1794, tant de projets ont été proposés. Lakanal, parmi tant d'autres, avait présenté le sien, quand il fut enlevé aux discussions de l'Assemblée par une mission dans les départements.

CHAPITRE III

LAKANAL EN MISSION DANS LES DÉPARTEMENTS

Au commencement de 1793 (en mars), il avait été désigné, avec son collègue Mauduit, pour parcourir les départements de Seine-et-Marne et de Seine-et-Oise, et pour y hâter la levée du contingent révolutionnaire. Tous les deux avaient pleinement réussi. A la fin de la même année (en brumaire), il fut chargé seul, avec pleins pouvoirs, d'une mission dans le sud-ouest, région encore monarchique, et travaillée par les manœuvres séparatistes des Girondins. Cette période de la vie de Lakanal, il n'entre pas dans notre sujet d'en raconter tous les détails (1). Nous n'y relèverons que les actes qui, ailleurs que dans le Comité de l'Instruction, achèvent de faire connaître Lakanal, son intelligence, son activité, sa douceur, son désintéressement : toutes ces qualités jointes à la philanthropie un peu déclamatoire qui est dans le caractère de ce temps-là.

---

(1) Ce récit se trouve dans une notice intitulée : *Le conventionnel Lakanal, et son administration dans le département de la Dordogne*, par M. Clamageran. Périgueux et Paris, chez Le Chevallier ; 1875, in-12.

Les pouvoirs de Lakanal s'étendaient sur quatre départements : *Dordogne*, *Gironde*, *Lot* et *Lot-et-Garonne*. Il fixa sa résidence à Bergerac et se signala par la rapidité de ses travaux. Il établit à Bergerac une manufacture d'armes où se fabriquèrent vingt mille fusils ; il réunit, près de la même ville, un dépôt de quatre mille chevaux ; enfin, il pourvut à la disette et aux souffrances dont souffrait alors le département de la Dordogne.

Pour agir vite, en dehors des voies ordinaires, insuffisantes, Lakanal recourut à un moyen bien singulier. « Républicains, s'écrie-t-il, en s'adressant aux habitants, les routes qui coupent le département de la Dordogne, sont dans un délabrement épouvantable ; le commerce languit, l'industrie sommeille, les convois militaires se traînent lentement, les défenseurs de la liberté usent dans les fatigues des voyages ces forces qui auraient commandé à la victoire..... Bientôt, les saisons et notre coupable torpeur auront réalisé le vœu du despotisme : *isoler pour régner*..... Le mal est exalté à sa dernière période. Frappons-le, comme il sied à des hommes libres... Traitons les chemins, comme nous traitons les traîtres, — *révolutionnairement*..... Le mouvement révolutionnaire est déjà réglé par le représentant du peuple et les quatre ingénieurs du département... Avant que le soleil ait quitté trois fois l'horizon, le travail sera terminé, tous les

chemins du département seront réparés à la
fois. Ce sera là un exemple unique et sublime
que la Convention nationale apprendra avec
enthousiasme, pour le redire à la France, à
l'Europe, à la postérité !.....

» Ce jour, à jamais mémorable, le représentant du peuple et tous les fonctionnaires
publics, revêtus des marques extérieures de
la loi, et la bêche nourricière à la main, don-
neront l'exemple du travail à tous les citoyens...
Ce jour-là, la population entière de la Dordogne sera rangée en masse sur les chemins :
les hommes iront chercher les pierres, les
briseront, creuseront les fossés ; les femmes
et les enfants chargeront les brouettes, éten-
dront le cailloutage; les vieillards encourage-
ront les travailleurs par leur présence et leurs
suffrages. Hommes et femmes, jeunes et vieux,
riches et pauvres, tous travailleront..... » —
J'ai été entendu, ajoute Lakanal. Et il énumère complaisamment tout ce qu'a produit,
en quelques jours, cette corvée nationale.
« C'est ainsi, dit à son tour M. Clamageran, que
pût se réaliser cette entreprise extraordinaire
d'un immense travail, exécuté en si peu de
jours, et qui a laissé des souvenirs légendaires
dans le département de la Dordogne. »

Il semblait plus difficile d'ordonner la con-
ciliation de tous les différends judiciaires.
Lakanal osa l'essayer, par la publication, à
Bergerac, d'un arrêté en 7 articles, précédé

de cet étrange préambule : « *Bergerac, 21 pluviôse an II.*

» Républicains, le cri perçant du malheur retentit chaque jour à mon oreille et déchire mon âme sensible. Des hommes qui ne voient jamais de superflu dans leur opulence poursuivent infatigablement devant les tribunaux des familles qui tirent à peine le nécessaire d'un travail pénible ; ils éternisent des procès dont elles ne peuvent supporter les frais dévorants. Vampires publics, ils se gonflent de la substance des pauvres.

» Le plus beau rôle qu'on puisse jouer sur la terre, c'est d'être le défenseur officieux de l'indigence. Eh bien ! je m'en impose dès aujourd'hui le rôle honorable... Oui, j'entrerai dans l'arène judiciaire ; j'y convoquerai le peuple ; j'y plaiderai la cause des fils aînés des États populaires, *les pauvres ;* je souléverai contre leurs cruels oppresseurs l'indignation générale, je les flétrirai d'un opprobre durable... et je jure de ne les abandonner qu'au pied de l'échafaud.

» Battue par les orages politiques, la France commande à ses véritables enfants de s'unir pour la défendre : leur division est le dernier espoir du despotisme. Eh quoi ! l'intérêt, le sordide intérêt vous rend sourds à la voix pressante de la patrie, et vous vous dites *républicains !* Ignorez-vous que, pour mériter ce *titre glorieux, le plus beau qu'on puisse*

Lakanal propageant l'idée républicaine dans les départements (page 29).

porter sur la terre, il faut savoir immoler sa vie comme Décius, ses enfants comme Brutus, son ressentiment comme Camille ?...

« ARRÊTÉ :

» **Article premier.** — Au nom de la Patrie en larmes, au nom de l'amour que j'ai voué à mes frères de la Dordogne, je les invite tous à terminer, par la voie de l'arbitrage, les procès qui les divisent ; et ce, avant le 20 ventôse prochain, jour auquel doit être célébrée, dans toutes les communes de ce département, la fête auguste de l'*amitié*.

.... » **Art. VII.** — Si, au 20 ventôse prochain, toutes les contestations entre le riche et le pauvre ne sont pas terminées ou confiées volontairement à des arbitres, Lakanal demeure chargé de défendre la cause de tous ses frères indigents. »

Cette tentative d'apaisement réussit-elle ? On ne sait. Mais il faut convenir, avec M. Mignet, qu'on ne pouvait pas exercer la dictature révolutionnaire plus doucement.

Aussi bien, Lakanal n'ordonna pas une seule arrestation, loin de commettre un seul acte cruel ; il se signala, au contraire, par des traits généreux. Ayant connu, dans sa tournée, la retraite où se cachait un prêtre réfractaire, qui avait appartenu à la congrégation

de l'Oratoire, il alla l'y chercher, lui-même,
pour le conduire à la frontière, et le sauver,
au péril de sa vie.

Ayant été l'objet d'une dénonciation adressée de Périgueux au Comité de Salut public,
et que le Comité lui renvoya, après en avoir
reconnu la fausseté, Lakanal écrivit au dé-
nonciateur la lettre suivante :

« Bergerac, 2 ventôse an II.

« Lakanal, représentant du peuple, délégué
» par la Convention nationale et son Comité
» de Salut public, dans le département de la
» Dordogne, et autres départements environ-
» nants.

» J'avais reçu la mission expresse de te
» faire arrêter, parce que tu avais signé une
» dénonciation calomnieuse contre moi. Mais
» lorsque Lakanal est juge dans sa cause, ses
» ennemis sont assurés de leur triomphe : il
» ne sait venger que les injures de la Patrie.
» Je t'obligerai lorsque je le pourrai. C'est
» ainsi que les représentants du peuple re-
» poussent les outrages. Tu as cinq enfants
» devant l'ennemi. C'est une belle offrande
» faite à la liberté. Je te décharge de la taxe
» révolutionnaire. »

On ne pouvait parler plus simplement, on
ne pouvait agir plus noblement.

Enfin, Lakanal, dans les limites étroites de

sa province, préludait aux réformes morales
qu'il rêvait pour la France entière. Le Président du Comité de l'Instruction publique se
révélait dans le conventionnel en mission.
Une série de dispositions, datées de Bergerac,
et précédées d'un préambule déclamatoire où
se confondaient, dans un élan mystique, la
philosophie et le déisme de cette époque (1),
établissaient une Commission d'instruction
sociale, ayant un *journal*, et un Comité
d'apostolat civique, dont les membres étaient
chargés, des fonctions suivantes :

« Art. 9. — Les fonctions de ces propaga-
teurs du principe de la Révolution seront :
1° de répandre et d'expliquer, parmi nos frères
des campagnes, le *Journal d'Instruction populaire ;* 2° de visiter la chaumière du pauvre pour y apporter l'instruction, et, avec
elle, l'amour de la patrie ; 3° de recevoir,

---

(1) Il faut l'avouer, Lakanal était déiste, comme la plupart de ses contemporains, et beaucoup de ses collègues
de l'Assemblée, si profondément imbus des doctrines politiques et morales de J.-J. Rousseau.

Quelques esprits plus logiques étaient allés droit à
l'athéisme. « Je l'avouerai de bonne foi à la Convention,
s'écriait Jacob Dupont, je suis athée. » Mais cette déclaration ne laissait pas de soulever quelque rumeur. La Convention, sur ce point, se sépara ouvertement de la Commune de Paris, et il est regrettable qu'elle ait cru devoir
se prononcer sur des questions métaphysiques telles que
celles de l'Etre suprême et de l'immortalité de l'âme. —
On trouvera le texte de cette proclamation dans Clamageran (ouvrage cité).

avec un soin religieux, les plaintes et les demandes de l'infortune et du malheur pour les transmettre au représentant du peuple ; 4° de découvrir et de dénoncer les ennemis de la Révolution…….

» Art. 12. — Le représentant du peuple déclare que la mission touchante et sublime d'*apôtre civique* dans les campagnes, est la plus belle qu'on puisse remplir sur la terre. »

Telle fut cette mission singulière, où Lakanal, avec les qualités que nous lui connaissions déjà, révéla des aptitudes et se hasarda à des entreprises nouvelles ; où l'ancien professeur se fit à la fois administrateur, ingénieur, juge, et par dessus tout, pacificateur ; où il fut, par excellence, ce qu'il demandait d'être aux autres, le véritable *apôtre civique*. C'est en songeant, sans doute, à la mission de Lakanal que Michelet, après avoir parlé des représentants plus célèbres que connurent d'autres provinces, les Saint-Just, les Lebas, les Tallien, les Fréron, etc., s'exprime ainsi :

« Combien d'autres, mis par le devoir dans
» des positions moins brillantes, égalèrent leur
» dévouement ! Nous pouvons dire hardiment
» que trente représentants du peuple ont mé-
» rité, par leurs missions seules, d'être mis
» au Panthéon. Que serait-ce, si on ajoutait
» les travaux intérieurs de l'Assemblée, de

» ses infatigables Commissions, ces travaux
» poussés au-delà de toutes les forces hu-
» maines, ces jours de labeur acharné, ces
» nuits sans sommeil. A regarder l'entasse-
» ment énorme de ce que fit la Convention,
» on est tenté de croire que le temps, en ces
» années, changea de nature ; que ses me-
» sures ordinaires perdirent toute significa-
» tion. Les jours furent au moins doubles. On
» peut nommer cette Assemblée, l'*Assemblée*
» *qui ne dormit pas.* »

(MICHELET, Révolution française, tome VII,
livre XVI, chapitre III).

Après la chute de Robespierre, Lakanal
reprit sa place dans l'Assemblée, et la présidence du Comité de l'Instruction. On aborda
alors la grande question de l'instruction
publique.

CHAPITRE IV

L'INSTRUCTION PUBLIQUE AVANT
LA RÉVOLUTION

Ce problème, que la Révolution chercha à résoudre, l'ancien régime l'avait posé, la veille même de sa chute. Quelques esprits généreux du XVIIIe siècle avaient rêvé et même projeté une organisation nouvelle de l'enseignement. Dans quel état se trouvait l'instruction publique avant 1789 ? Voilà ce qu'il faut connaître pour apprécier la tâche entreprise par la Révolution, et mesurer le chemin qu'elle nous a fait parcourir.

On sait que l'enseignement actuel comprend trois degrés : supérieur, secondaire et primaire. Nous adopterons cette division pour étudier plus clairement l'ancien régime.

1° *Enseignement supérieur.* — En 1789, cet enseignement était donné dans les Universités. Comme les Universités allemandes d'aujourd'hui, et bien mieux que nos Facultés, ces Universités formaient de petits groupes littéraires et scientifiques entièrement indépendants. A l'image de l'Université de

Paris, *la fille aînée des rois de France*, la plus ancienne de toutes (fondée en 1200), et la plus florissante, 23 Universités s'étaient fondées successivement, en France. C'étaient celles de Toulouse, de Montpellier, d'Orléans, d'Avignon, de Cahors (réunie en 1751 à celle de Toulouse), de Perpignan, d'Orange, d'Angers, d'Aix, de Caen, de Poitiers, de Bordeaux, de Valence, à laquelle fut réunie celle de Grenoble, de Nantes, de Bourges, de Dôle, transférée à Besançon, de Reims, de Douai, de Strasbourg, de Pont-à-Mousson, de Dijon et de Pau. Leur enseignement comprenait 4 Facultés : de théologie, de droit, de médecine et des arts. Mais ces Universités étaient languissantes, jalouses les unes des autres, et ne contribuaient que bien peu à la vie intellectuelle des provinces.

2° *Enseignement secondaire.* — Il était le mieux partagé. Il avait fait naître un très grand nombre de collèges : les collèges de l'Université de Paris, qui avaient été prospères autrefois, qui avaient dépéri, et qui s'étaient relevés, grâce à l'expulsion des jésuites, de 1762. Les principaux et les plus connus étaient : 1° les collèges d'Harcourt, de Navarre, de Montaigu, etc. ; 2° les collèges des Jésuites ; 3° les collèges des Oratoriens, des Eudistes, des Doctrinaires, et des autres congrégations religieuses. En réalité, jusqu'en 1762, il était resté aux mains des jésuites, directeurs de 124 collèges, dont les meilleurs étaient ceux de Clermont (Louis-le-Grand) et de la Flèche, (aujourd'hui Prytanée militaire). Mais les élèves de ces collèges se recrutaient uniquement dans la noblesse et la riche bourgeoisie, et l'enseignement y était léger et superficiel pour rester attrayant. Une part considérable était faite aux exercices *académiques* (escrime, danse, etc.).

3° *Enseignement primaire.* — Cet enseignement des collèges, quel qu'il fût, demeurait d'ailleurs un privilège de la fortune. L'enseignement dont avait besoin le tiers état, la majorité de la nation, le peuple, pour tout dire, cet enseignement primaire, le plus indispensable, était aussi le plus défectueux. C'est un chapitre bien curieux que celui de l'instruction primaire avant 1789. Que dis-je ? un chapitre : ce serait tout un livre. Il faut donc nous borner aux notions nécessaires à notre sujet.

De nombreux textes établissent l'existence d'écoles dans les campagnes, au moyen-âge. Les curés choisissaient des clercs pour enseigner les enfants, et recommandaient aux parents de les faire instruire. Ces écoles abondent dans le XVIe siècle, à cause de la concurrence des écoles protestantes. Bientôt, même,

le clergé, craignant de perdre l'autorité qu'il
avait jusqu'alors exercée sur l'enseignement,
s'adressa au pouvoir royal pour la conserver.
Un édit d'Henri II, de 1551, prescrivit aux
maîtres d'école de se faire approuver, avant
d'exercer, par ceux à qui il appartenait de le
faire. Cette ordonnance fut renouvelée en
1606 par Henri IV, par Louis XIV, en 1698.
L'enseignement primaire, à cette époque,
profita de la persécution dirigée contre les
protestants. Louis XIV, pour gagner au ca-
tholicisme les enfants des protestants, déclara
obligatoire pour tous l'enseignement primaire.

« Enjoignons, dit-il (ordonnance du 13 décembre 1698), à tous pères, mères, tuteurs
et autres personnes qui sont chargées de l'é-
ducation des enfants, et nomment de ceux
dont les pères et mères ont fait profession de
la religion prétendue réformée, de les envoyer
auxdites écoles et au catéchisme, jusqu'à
l'âge de quatorze ans. »

Les misères, au milieu desquelles finit le
grand règne, empêchèrent cette ordonnance
d'aboutir. Les prescriptions en furent renou-
velées par Louis XV (ordonnance du 14 mai
1724) (1). Vainement encore, paraît-il, puis-

_____

(1) « Voulons qu'il soit établi autant qu'il sera possible
des maîtres et maîtresses d'école dans toutes les paroisses

qué, de 1750 à 1765, quatre assemblées successives du clergé de France réclamèrent l'exécution de ces deux ordonnances. Malgré l'autorité des rois et le zèle des évêques, les écoles végétaient. Pourquoi ?

D'abord, parce qu'à la communauté incombait la charge d'acheter et d'entretenir la maison d'école, et les communautés n'étaient pas assez riches. Ensuite, parce que le recrutement des instituteurs était difficile. Il n'existait pas alors d'écoles normales. Les candidats instituteurs étaient choisis par le curé de la paroisse, le syndic et les notables habitants. Dans certains pays, ils subissaient un véritable examen. Ainsi, on a retrouvé des sujets de compositions donnés à Bourbourg (Flandre), en 1764, à quatorze candidats qui se disputaient la place. « Ils firent une dictée d'orthographe en français, une dictée en flamand, une page d'écriture, savoir : trois lignes en *petit gros*, deux lignes en *moyenne*, deux lignes en *ronde* et huit lignes

---

où il n'y en a point, pour instruire tous les enfants *des principaux mystères et devoirs de la religion catholique, apostolique et romaine, les conduire à la messe tous les jours ouvriers autant qu'il sera possible... et avoir soin qu'ils assistent au service divin les dimanches et fêtes; comme aussi pour* y apprendre à lire et même écrire à ceux qui pourront en avoir besoin : le *tout, ainsi qu'il sera ordonné par les archevêques et évêques..* » — Le clergé n'a pas à se plaindre : le catéchisme passe avant tout le reste. Il faut dire que cette ordonnance, comme celle de 1698, est surtout dirigée contre les protestants.

en *fine*, une addition, une multiplication, un problème sur la règle de trois et un autre sur la règle de société. » Quelquefois leur choix était déterminé par des raisons moins sérieuses. On les faisait chanter au lutrin, et la force de leurs poumons emportait les suffrages.

C'était le curé, d'ailleurs, qui choisissait presque toujours. Car le maître d'école était engagé « pour chanter à l'église, assister le » sieur curé au service divin et à l'adminis- » tration des sacrements, *pour l'instruction* » *de la jeunesse,* pour sonner l'*angelus* le » soir, le matin et à midi, et à *tous les orages* » *qui se feront dans l'année*, puiser l'eau » pour faire bénir tous les dimanches, ba- » layer l'église tous les samedis, faire la prière » tous les soirs, depuis la Toussaint jusqu'à » Pâques (1). »

L'instituteur était à la fois chantre et sacristain. Ce cumul fit le plus grand tort à l'enseignement. Dans une enquête faite par Grégoire en 1790 sur l'état de l'instruction primaire, nous trouvons ces renseignements fournis par les départements eux-mêmes : « Dans nos campagnes, nous ne connaissons » pas d'école fondée ou gratuite où l'on *ensei-* » *gne à lire, à écrire et à chiffrer*. Quel- » que magnifiques que soient les fondations et

---

(1) A. BABEAU. *Le village sous l'ancien régime*. 1 vol. chez Didier. Paris, 1879.

» quelque bien motivées et explicites que
» soient les intentions des fondateurs, l'objet
» n'est jamais rempli ou ne l'a pas été jus-
» qu'ici. *Les curés étaient trop maîtres...* »
(Réponse du Gers.) On répond d'Agen : « Les
maîtres d'école, dans les villages où il y en
a, apprennent à lire en français et en latin ;
mais en général, ils ont tous la manie de commencer par cette langue, de sorte *que l'éducation se réduit presque dans nos campagnes* à rendre les élèves capables de pouvoir
les jours de fêtes et dimanches aider leurs
pasteurs à chanter les louanges de Dieu dans
une langue qu'ils n'entendent pas. » On
répond de Bordeaux : « Généralement par-
lant... les ecclésiastiques... *trouvent toujours
l'instituteur assez capable quand il sait servir la messe et jouer au piquet.* » Et de
même dans beaucoup d'autres départements.

Quand on étudie l'ancien régime il faut
être équitable. On ne doit pas dire que l'instruction primaire n'existait pas avant 1789,
mais elle était très mal organisée. Ce qui
achève de le prouver, avec les faits que nous
venons de citer, c'est l'extrême ignorance des
provinces, au moment de la Révolution. Les
notes de voyage de l'Anglais Arthur Young
sont tristement significatives (1). Au mois de

---

(1) A. YOUNG. *Voyage en France, en Espagne et en
Italie.* 2 vol. publiés de 1790 à 1794 — Cf. Taine, l'*Ancien Régime.*

juillet 1789, la plupart des grandes villes ne recevaient encore aucun journal. Arthur Young en demande vainement à Moulins, à Clermont, à Besançon. Il écrit alors sur son carnet : « L'ignorance et la stupidité de ces gens-là est incroyable », et sur une autre page : « Personne ne saurait douter que cette affreuse ignorance de la part du peuple ne provienne de l'ancien gouvernement. »

Ce désordre de l'enseignement, qui entraînait d'aussi déplorables conséquences, n'était pas sans frapper les contemporains. Le xviiie siècle qui remua tant d'idées s'occupa de l'éducation de la jeunesse. Il ne fit pas de fondations pédagogiques comme celles qui ont marqué le xviie siècle, c'est-à-dire les collèges des Jésuites, les écoles de Port-Royal, et l'institution de Saint-Cyr par Mme de Maintenon. Il n'organisa pas administrativement l'instruction comme devait faire l'empire, après les travaux de la Révolution. Mais avec Condillac, avec Diderot, surtout avec Rousseau, il agita des projets de réforme, et avec d'éminents membres des Parlements, tels que *La Chalotais* et *Rolland*, il prépara le triomphe de l'esprit laïque sur les doctrines ecclésiastiques, il conduisit à la sécularisation de l'enseignement (1).

---

(1) Ce fait principal de la pédagogie du xviiie siècle a été mis en relief dans l'ouvrage récent et remarquable de

En effet, après l'expulsion des Jésuites (1762) à laquelle ils avaient activement travaillé, les Parlements songèrent à donner à la jeunesse une éducation nouvelle. « Le besoin est urgent, disait le rapporteur du Parlement de Grenoble, l'occasion unique... Nous sommes dans un moment de crise. Il faut le saisir ou tout est perdu sans retour. » De savants magistrats, les *Guyton de Morveau*, à Dijon, les *Montclar*, à Aix, les *Saissin*, à Grenoble, les *Laverdy*, à Paris, entraînèrent à leur suite leurs compagnies, et l'idée d'un plan général d'éducation dite *nationale* se dessina dans une série d'enquêtes, de rapports et d'arrêts remarquables.

Parmi ces novateurs, il faut accorder une place toute spéciale à *La Chalotais*, procureur général au Parlement de Rennes, qui voulait confier l'instruction à des maîtres laïques, et qui faisait de l'institution, comme disait Voltaire, une œuvre de gouvernement. « Je pré-
» tends, s'écriait La Chalotais, je prétends
» revendiquer pour la nation une éducation
» qui ne dépende que de l'Etat, parce qu'une
» *nation a un droit inaliénable et impres-*
» *criptible d'instruire ses enfants, parce*
» *qu'enfin les enfants de l'Etat doivent être*
» *élevés par l'Etat.* » (Essai d'éducation natio-

M. Compayré : *Histoire critique des doctrines de l'éducation en France*. 2 vol. Paris, 1879.

La corvée nationale dans la Dordogne (page 31).

nale présenté au Parlement de Rennes, le 24 mars 1764); et à côté de La Chalotais, au président Rolland, du Parlement de Paris.

Le président Rolland disait en effet: « Le moment est venu de perfectionner l'enseignement et de donner aux écoles une forme mieux combinée avec l'objet de leur établissement, une forme qui... imprimât à l'éducation publique le caractère précieux et malheureusement négligé d'*éducation nationale*. » (Plan d'études à suivre dans les collèges, et Correspondance à établir entre les collèges et les Universités, lu au Parlement de Paris, le 13 mai 1768.) Mais La Chalotais est un esprit plus critique, et Rolland plus organisateur, et le plan proposé par le président aurait constitué, dès 1768, l'Université impériale de 1808.

En résumé, ce qui domine les travaux des Parlementaires, c'est l'idée que l'instruction publique doit être un objet purement civil; c'est la revendication des droits de l'Etat et de la société laïque, c'est la négation des prétendus droits de l'Eglise. Le terrain est prêt pour la Révolution qui va passer du domaine de la théorie dans celui de l'organisation.

CHAPITRE V

L'INSTRUCTION PUBLIQUE SOUS LA RÉVOLUTION

1° *Assemblée constituante.* — La Constitution française, présentée à l'Assemblée, le 5 août 1791, portait, après la *Déclaration des droits de l'homme et du citoyen*, l'article suivant :

« Il sera créé et organisé une *instruction publique* commune à tous les citoyens, gratuite à l'égard des parties d'enseignement indispensables pour tous les hommes, et dont les établissements seront distribués graduellement dans un rapport combiné avec la division du royaume. » (Constitution de 1791, titre Ier.)

Les hommes de 1789 et leurs successeurs auraient, en effet, commis une grande faute s'ils n'avaient pas placé l'instruction publique au premier rang de leurs préoccupations. Ils fondaient un ordre de choses nouveau ; pour le maintenir, il fallait organiser une éducation nouvelle. Un régime politique n'est stable que lorsqu'il est conforme aux mœurs du pays. Or des lois ne suffisent pas à créer des mœurs. Pour mettre les habitudes génécles d'une nation en accord avec les institutions, il faut l'action prolongée d'une éducation appropriée à ces institutions. C'est ce que Montesquieu a montré dans le livre IV de l'*Esprit des lois*, où il dit que les lois de l'éducation doivent être relatives aux principes du gouvernement.

« Ajoutons, dit M. *Compayré* (ouvrage cité, tome II, livre VIII, chap. 1er), que le gouvernement républicain est, de tous les régimes politiques, celui sous lequel la question d'éducation se pose avec le plus de gravité. Sans doute il est bon, sous tous les régimes, que l'éducation développe les individus, et nous ne songeons pas à prétendre que sous les grandes monarchies, l'instruction soit, de parti pris, négligée et délaissée. Cependant il est de l'intérêt d'un monarque absolu de ne favoriser que médiocrement la science sérieuse... En revanche, il est incontestable que le gouvernement républicain a besoin de la toute-puissance de l'éducation. Dans un état despotique, la force suffit à maintenir l'ordre ou a la prétention d'y suffire; pour un temps au moins, la crainte, les menaces, les punitions contiennent les sujets dans le devoir. Dans une société libre ou républicaine, au contraire, c'est à chaque citoyen de posséder lui même la vertu nécessaire pour modérer ses passions, pour rester dans les limites de ses droits. Dans un État despotique, la vertu, la science résident seulement chez le petit nombre d'hommes qui conduisent et dominent tous les autres. Dans une société républicaine, il faut que la vertu, que la science se vulgarisent et en quelque sorte s'individualisent... »

Ces sentiments étaient ceux de nos pères : voilà pourquoi, dès les premières années de la Révolution, les plans d'éducation se multiplièrent.

Parmi les projets qui furent présentés à la Constituante, il faut d'abord signaler ceux qui émanaient de la congrégation de l'Oratoire, ou du moins de la partie avancée et libérale de cet ordre religieux. Les oratoriens furent en faveur auprès de la Constituante ; on comptait sur eux pour former, non plus une congrégation religieuse que la loi interdisait, mais « *une famille d'instituteurs* ». Tels furent les oratoriens *Villier*, qui dédia à l'assemblée un *nouveau plan d'éducation et d'instruction publique*, 1789; *Daunou*, que nous retrouverons plus tard, mais qui, dès 1790, proposait un *Plan d'éducation;* enfin, *Paris* qui, la même année, réclamait l'instruction obligatoire gratuite pour les indigents, et des traitements considérables pour les instituteurs.

Mirabeau, dont l'esprit était si vaste, n'avait pu rester étranger à ces théories nouvelles. Aussi, avait-il demandé à son ami et médecin Cabanis un important travail sur l'éducation

qui embrassait en quatre discours : 1° l'établissement de l'instruction publique, depuis
les écoles primaires jusqu'à une *Académie
nationale*, à peu près divisée comme le fut
plus tard l'Institut; 2° les fêtes civiles et militaires ; 3° la fondation d'un lycée national où
seraient élevés, aux frais de l'Etat, 100 jeunes
gens choisis pour servir partout de modèles ;
4° l'éducation de l'héritier de la couronne.
Ce travail fut publié par Cabanis, après la
mort de Mirabeau, en 1791.

Mais l'œuvre, toute théorique, de la Constituante en matière d'instruction publique, se
résume dans le remarquable rapport, fait au
nom du Comité de Constitution par Talleyrand-
Périgord, ancien évêque d'Autun, administrateur du département de Paris.

RAPPORT DE TALLEYRAND. — Talleyrand lut
son rapport dans les séances du 10 et du 11 septembre 1791. Le projet ne contenait pas moins
de 208 articles. Comme l'assemblée touchait au
terme de sa session, et paraissait impatiente
d'en finir, Talleyrand réduisit son projet à
35 articles qui furent mis en délibération le
25 septembre. Mais le 26, la Constituante en
renvoya l'examen à la future assemblée, et le
30 elle se sépara. La Législative se montra peu
soucieuse de recueillir le legs de la Constituante, de sorte que le travail de Talleyrand
n'a jamais eu les honneurs de la discussion.

Il n'en était pas indigne, pourtant, bien que le meilleur de l'œuvre soit plutôt dans les considérations générales du début que dans l'organisation même des études. Voici ce début, destiné à prouver la nécessité d'une éducation nouvelle :

« Les pouvoirs publics sont organisés, la liberté, l'égalité existent, sous la sauvegarde des lois ; la propriété a retrouvé ses véritables bases ; et pourtant, la Constitution pourrait sembler incomplète, si l'on n'y attachait enfin, comme partie conservatrice et vivifiante, l'instruction publique.....

» Nous ne chercherons pas ici à faire ressortir la nullité ou les vices innombrables de ce que l'on a nommé jusqu'ici l'instruction. Même sous l'ancien ordre de choses on ne pouvait arrêter sa pensée sur la barbarie de nos institutions sans être effrayés de cette privation totale de lumières qui s'étendait sur la majorité des hommes.....

» Aimons pourtant à rappeler que, même alors, il s'est trouvé des hommes dont les courageuses leçons semblaient appartenir aux plus beaux jours de la liberté ; et sans insulter à de trop excusables erreurs, jouissons avec reconnaissance des bienfaits de l'esprit humain qui, dans toutes les époques, a su préparer, à l'insu du despotisme, la révolution qui vient de s'accomplir.

« ...Tout proclame l'instante nécessité d'organiser l'instruction ; tout nous démontre que le nouvel état de choses, élevé sur les ruines de tant d'abus, nécessite une création en ce genre; et la décadence rapide et presque spontanée des établissements actuels qui, dans toutes les parties du royaume, dépérissent comme des plantes sur un terrain nouveau qui les rejette, annonce clairement que *le moment est venu d'entreprendre ce grand ouvrage .. »*

L'organisation des études découlait de ce principe que *l'instruction est due a tous*, et elle comprenait quatre degrés d'établissements, correspondant aux degrés de la hiérarchie administrative, savoir :

1° Des écoles dites *primaires*, dans chaque chef-lieu de canton ;

2° Des écoles *secondaires*, dans chaque chef-lieu de district ;

3° Des écoles de *département*, dans chaque chef-lieu du département ;

4° L'*Institut*, dans la capitale.

Talleyrand acceptait la gratuité, mais repoussait l'obligation de l'instruction primaire. En revanche, il la voulait franchement laïque.

Aussi bien, la base de l'enseignement, à tous les degrés, devait être la *Constitution* : « Il faut, disait le rapport, apprendre la Constitution. Il faut donc que la *Déclaration des droits* compose à l'avenir un *nouveau catéchisme* pour l'enfance. » Ceci pour les écoles primaires.

Dans les écoles secondaires, « aux principes de la Constitution qui ne peuvent être qu'indiqués à des enfants, succédera une exposition développée de la *Déclaration des droits*, et de l'organisation des divers pouvoirs. » C'était préparer le citoyen dans l'enfant.

Les écoles de district devaient tenir lieu des anciens collèges, et les écoles des départements des anciennes Facultés de droit et de médecine, bien que leur nombre n'égalât pas celui des divisions départementales.

Remarquons, en passant, que le rapport établissait des « *écoles pour les ministres de la religion* », nouveaux séminaires où l'on devait enseigner, outre la morale, « les règles de l'arpentage et du toisé, la connaissance des simples et quelques principes du droit et de l'hygiène », et enfin, qu'il se montrait assez dédaigneux de l'instruction des filles. « Les
» filles, disait-il, ne pourront être admises aux
» écoles primaires que jusqu'à l'âge de huit
» ans. Après cet âge, l'assemblée nationale
» invite les pères et mères à ne confier qu'à
» eux-mêmes l'éducation de leurs filles, et
» leur rappelle que c'est leur premier de-
» voir. »

Ce rapport était terminé par un projet de décret qui soumettait les professeurs à la nomination du roi, et confiait la direction suprême de l'instruction publique à six commissaires, et par une dernière disposition qui

établissait, sous réserves, la liberté de l'enseignement.

2° *Assemblée législative.* — RAPPORT DE
CONDORCET. — Sans égard pour le travail de Talleyrand, quoique préoccupée comme la Constituante, de la grande question d'une éducation
nationale, l'Assemblée Législative chargea
Condorcet de lui présenter un nouveau rapport. Condorcet s'acquitta dignement de cette
tâche, dans les séances publiques du 21 et du
22 avril 1792. Il y était préparé par ses études
antérieures sur l'instruction (cinq mémoires
qui avaient paru successivement dans la *Bibliothèque de l'homme public*, de 1789 à 1791),
et par toute une vie de travaux scientifiques
et philosophiques. Par malheur, le rapport
arriva devant l'assemblée en même temps
qu'une grave question extérieure, la guerre
avec l'Autriche, déclarée le 20 avril. L'assemblée se contenta d'en voter l'impression, sans
l'examiner, et le projet de Condorcet alla re-
joindre celui de Talleyrand. Il faut l'apprécier
pourtant ; d'abord à cause de sa propre valeur, puis, parce qu'il a servi de base aux
travaux de la Convention.

Les premières raisons qu'il donne en faveur
de l'instruction sont les mêmes que celles de
Talleyrand : « Vous devez à la nation française, dit-il, une instruction au niveau du
XVIII° siècle, de cette philosophie qui, en

éclairant les générations contemporaines, présage, prépare et devance déjà la raison supérieure à laquelle les progrès nécessaires du genre humain appellent les générations futures. » Nous retrouvons là la fameuse théorie de Condorcet sur la *perfectibilité indéfinie de l'esprit humain* ; et il ajoute :

« Une constitution libre qui ne correspondrait pas à l'instruction universelle des citoyens se détruirait elle-même... »

Condorcet propose d'établir cinq degrés dans l'instruction, un de plus que Talleyrand. Cette différence provient de ce que Condorcet divise en deux parties l'enseignement élémentaire. Il y a : 1° l'école *primaire*, proprement dite, où l'on enseignera les connaissances nécessaires à tous les citoyens ;

2° L'école *secondaire*, qui correspond à peu près, à ce que nous appelons aujourd'hui *l'école primaire supérieure*, et à ce qu'on appelle en Allemagne, *les écoles de sciences* (real-schulen) ;

3° Les *instituts*, qui sont nos collèges et nos lycées classiques ;

4° Les *lycées*, qui équivalent à nos *Facultés*.

5° La *Société nationale* des sciences et des arts, destinée à remplacer les académies.

Dans cette organisation générale, Condorcet se distingue surtout de Talleyrand, en ce qu'il multiplie les établissements d'instruction. Il réclame des écoles primaires, non pas seu-

dement pour chaque canton (projet Talleyrand)
mais pour chaque village de 400 habitants.
Les écoles secondaires devaient être établies
dans chaque district, et dans les villes de
4,000 habitants. Condorcet calculait que les
premières seraient au nombre de 31,000 ; les
secondes, de 2,100. Il devait y avoir 110
instituts et 9 *lycées*.

On le voit, Condorcet se préoccupait beaucoup de l'enseignement primaire, de celui
qu'il faut au peuple, de celui qui est nécessaire à sa liberté et à sa moralité. C'est qu'il
a finement observé que les vices du peuple
proviennent, avant tout, de son impuissance
intellectuelle. « Ces vices, dit-il, dérivent du
besoin d'échapper à l'ennui dans les mo-
ments de loisir, et de *n'y échapper que par
des sensations, non par des idées.* » Paroles
profondes qui doivent instruire eux-mêmes
les instituteurs du peuple ! Faire passer l'âme
du peuple de la vie des sens à la vie intellectuelle : rendre l'étude facile et agréable, afin
que les plaisirs élevés puissent lutter, avec
succès, contre les distractions grossières ;
substituer le livre au *litre,* et la bibliothèque
à l'*assommoir,* en un mot, *remplacer la sen-
sation par l'idée* ; tel est, de notre temps
encore, comme au temps de Condorcet, le
grand problème de l'éducation populaire.

Cette faveur de Condorcet pour l'enseignement primaire s'est retrouvée dans la Conven-

tion. Mais ce qu'on a seulement apprécié de nos jours (et le mérite en revient encore à l'illustre girondin), c'est l'importance de l'enseignement primaire supérieur, donné dans les écoles *secondaires* du rapport. Cet enseignement comprenait :

« 1º Les notions grammaticales pour parler et écrire correctement ; l'histoire et la géographie de la France et des pays voisins ; 2º les principes des arts mécaniques, les éléments pratiques du commerce ; 3º des développements sur les points les plus importants de la morale et de la science sociale, avec l'explication des principales lois et les règles des conventions et des contrats ; 4º des leçons élémentaires de mathématiques, de physique et d'histoire naturelle, relatives aux arts, à l'agriculture et au commerce. » (*Œuvres de Condorcet*, édition Arago, tome VII.)

Or, cet enseignement, avec des dispositions à peu près analogues, convient parfaitement, aujourd'hui, aux fils des gros cultivateurs, des ouvriers aisés, des petits bourgeois, et à beaucoup d'autres, à tous ceux qui se destinent au commerce, à l'industrie, à l'agriculture, aux arts appliqués, et qui trouvent l'enseignement primaire trop faible, l'enseignement classique trop luxueux. Aussi, est-il devenu d'une telle nécessité qu'il n'a pas seulement fait naître, à Paris, les collèges Turgot et Chaptal, les écoles Lavoisier, Colbert, etc., et, dans le domaine privé, l'école Monge ; mais encore il a forcé l'Université à lui donner une place ; et il prospère, dans nos lycées, parallèlement à l'enseignement classique, sous le nom *d'enseignement secondaire spécial.*

Les *instituts* (nos lycées) étaient consacrés à l'enseignement secondaire *classique.* Mais aux yeux d'un savant comme Condorcet, et par une réaction inévitable contre l'éducation toute littéraire des jésuites, le latin et le grec n'obtenaient qu'une médiocre estime, et les langues anciennes étaient sacrifiées aux mathématiques et à la physique. Enfin, les *lycées,* (nos Facultés) devaient être des écoles de hautes études où se formeraient les savants et les lettrés. Condorcet décentralisait la science et permettait aux hommes de bonne volonté de devenir savants, même en province. Ajoutons qu'il obligeait les instituteurs et professeurs à faire, une fois par semaine, des leçons publiques ou *conférences*, destinées aux adultes. Voilà plusieurs idées qui ont fait du chemin depuis 1791.

Le trait saillant du plan d'études de Condorcet, c'est la *suppression*, dans les écoles de chaque degré, *de tout enseignement religieux.* « Il est nécessaire, dit-il, de séparer de la morale les principes de toute religion particulière....

» Toute religion particulière est mauvaise, parce qu'elle dirige naturellement vers un but qui lui est propre, et, si elle a des prêtres, vers l'intérêt de ces prêtres, ces mêmes sentiments religieux qu'on suppose nécessaires à la morale... » Indépendance de la morale, à l'égard de la religion, exclusion de tout catéchisme dans l'école ; et, en matière d'enseignement, neutralité absolue, ou pour mieux dire, *athéisme* de l'État : voilà encore un progrès auquel nous arriverons, mais non sans peine.

Enfin, Condorcet, plus que Talleyrand, se montre partisan de l'instruction des filles. Il demande des écoles pour les filles, dans les villes de 1,500 à 4,000 habitants ; et il souhaite pour elles, non seulement l'éducation égale, mais commune, avec les garçons. Cette instruction de tous les degrés, et des deux sexes, Condorcet la veut *gratuite entièrement*. Il ne parle pas du principe de *l'obligation*.

Ce vaste plan était renfermé dans un projet de loi en 9 articles, dont le dernier était ainsi conçu :

« L'Assemblée nationale, reconnaissante envers les sciences et la philosophie, dont les lumières ont produit la révolution, et fondé la liberté et l'égalité, déclare que les fonctions des membres de la *Société nationale*, celle des professeurs et des instituteurs sont des plus importantes de la Société, et elle met ceux qui les remplissent au nombre des *fonctionnaires publics*. »

Tel est, dans ses parties essentielles, ce rapport, trop peu connu, et si digne, pourtant, de notre admiration. On nous pardonnera d'y avoir insisté avec tant de complaisance. Longtemps, on a paru faire bon marché de ce qu'on appelait, avec dédain, les *utopies* de M. de Condorcet. Mais la Convention s'est inspirée de ses idées sur l'instruction primaire ; et, quant à ses vues si neuves — et si justes — sur l'enseignement *spécial*, sur la subordination des lettres aux sciences, sur la suppression du catéchisme dans les écoles, sur l'instruction primaire et *secondaire* des filles, sur la gratuité, etc., elles guident déjà ceux qui se consacrent à l'instruction privée, et elles vont s'imposer à ceux qui dirigent l'instruction publique. Les *utopies* d'hier seront les *réalités* de demain.

Comme nous, l'avons vu, aucune mesure législative ne sortit du rapport de Condorcet. En fait d'instruction, l'Assemblée ne créa rien. Au contraire, elle détruisit. Elle décréta, le 18 août 1792, la suppression absolue de toute congrégation ou corporation laïque ou ecclésiastique, même de celles qui, vouées à l'enseignement public, avaient bien mérité de la patrie. Tout était donc à créer quand parut la Convention. La Convention créa tout.

CHAPITRE VI

L'INSTRUCTION PUBLIQUE ET LA CONVENTION

1° *Du 21 septembre 1792 au 9 thermidor 1794.*

« A ce mot de *Convention nationale*, il est peu de lecteurs qui ne songent à autre chose qu'à des *plans d'éducation*. Comment, en effet, se transporter par la pensée au milieu d'une pareille Assemblée, et croire qu'elle a eu du temps à donner à l'éducation de la jeunesse ?... C'est cependant le spectacle que nous offre l'histoire.

» Elle nous montre la Convention menant de front le procès de Louis XVI et les plans d'instruction publique. On la voit, le même jour, sur le rapport de son Comité de Salut public traduire la Reine au Tribunal révolutionnaire, et en même temps écouter le rapport du Comité d'Instruction publique sur une tête de Brutus trouvée dans les ruines d'Herculanum, et décréter que cette tête sera déposée au cabinet des médailles (1) ; on la voit

____

(1) Sur le rapport de Lakanal, au nom du Comité d'Instruction, la Convention nationale,

Décrète que la tête de Brutus, gravée sur un onyx

rendre la loi des suspects sur le rapport de

Travaux manuels dans les écoles (page 71).

Merlin, et dresser, sur celui de Fourcroy, la
liste des savants qui doivent juger les livres

---

blanc et noir, monté en bague, sera déposée au cabinet des médailles et pierres gravées faisant partie de la
Bibliothèque nationale (Décret du 31 juillet 1793).

6.

élémentaires ; décréter la levée en masse sur le rapport de Barère, et trois degrés d'enseignement sur le rapport de Lakanal ; décréter le *maximum* et l'uniformité des poids et mesures ; écouter, tour à tour, les codes divers de Barère et de Robespierre, et le code civil de Cambacérès ; enfin partager son attention entre les mille mesures du Comité de Salut public, et les mille plans d'éducation du Comité d'Instruction publique. »

Il n'y a rien à ajouter à cette page d'un écrivain royaliste de 1817, citée, sans commentaires, par un autre écrivain royaliste, M. de Riancey, dans son *Histoire de l'Instruction publique en France* (2 vol., Paris, 1844).

Dès le 12 décembre 1792, Chénier (Marie-Joseph) ouvrit la discussion sur l'instruction publique par un projet de loi qui aboutit à cet article unique :

« Les écoles primaires formeront le premier degré d'instruction. On y enseignera les connaissances rigoureusement nécessaires à tous les citoyens. Les personnes chargées de l'enseignement dans ces écoles s'appelleront *instituteurs*. »

Les conjonctures étaient graves alors. La guerre était sur les frontières, la France s'armait contre l'Europe, le procès de Louis XVI commençait. Un rapport n'en fut pas moins lu, le 20 décembre, au nom du

Comité d'instruction, par le médecin Lanthénas, député du département de Rhône-et-Loire, et girondin.

Lanthénas déclara que le Comité avait pris pour base de son travail le plan de Condorcet, mais que, sans s'occuper de la question de l'instruction publique, en général, il se bornait à proposer d'abord l'organisation des écoles primaires. Ce rapport, accompagné d'un projet de décret en plusieurs titres qui déterminaient : 1° les objets d'enseignement ; 2° la distribution des écoles ; 3° les appointements des instituteurs ; 4° le mode de leur nomination ; donna lieu à un assez vif débat auquel prirent part Ducos et Rabaut-Saint-Etienne. Le girondin Ducos insista, comme Condorcet, pour qu'on exclût des écoles tout enseignement religieux, et fut le premier à réclamer l'enseignement, non seulement obligatoire, mais *commun*. Il refusait au père de famille la liberté de faire instruire son enfant chez lui.

« Je pense, disait-il, que tous les enfants dans la République, quel que soit l'état ou la fortune de leur père, doivent être assujettis, pour pouvoir parvenir dans la suite aux emplois publics, à suivre, pendant un certain espace de temps, les écoles primaires. Cet assujettissement, va-t-on s'écrier, contrarierait trop durement nos mœurs et nos usages.

» Je réponds que c'est à cause de cela

même que je le propose. Les mœurs d'un peuple corrompu ne se régénéreront point par de beaux discours, mais par de vigoureuses et brusques institutions. Il faut opter entre l'éducation domestique et la liberté; car, citoyens, tant que par une instruction commune vous n'aurez pas rapproché le pauvre du riche, le faible du puissant, — c'est en vain que vos lois proclameront la sainte égalité ; *la République sera toujours divisée en deux classes : les citoyens et les messieurs.* » — N'y a-t-il pas beaucoup de vérité dans ce discours de Ducos?

Rabaut-Saint-Etienne, pasteur protestant, voulait l'établissement d'une espèce de culte moral. Il élevait, dans chaque canton, un *temple national*, où, chaque dimanche, les *officiers municipaux donneraient une leçon de morale aux citoyens assemblés.* Cette leçon serait tirée des livres approuvés par le Corps législatif, et suivie du *chant d'hymnes approuvés par le même Corps législatif.* Ce pontificat municipal n'était pas d'une heureuse invention. La discussion, d'ailleurs, s'éloignait de son véritable objet. Elle fut ajournée sur la proposition de Marat, et reprise après l'achèvement de la Constitution de 1793, ou de l'an I.

La Constitution de l'an I fut achevée le 23 juin, lue dans la séance du 24, et envoyée à la sanction du *souverain*, le peuple, qui devait l'accepter dans les assemblées primairès. Le dernier article de l'acte constitutionnel portait : « La Constitution garantit à tous les Français une *instruction commune*, les secours publics, le droit de pétition, le droit de se réunir en société populaire, la jouissance de tous les droits de l'homme. »

Un décret rendu le 26 sur la proposition de Barère, en exécution de cet article, décidait « que le plan d'instruction publique serait discuté chaque jour. » — Le jour même, Lakanal, au nom du Comité de l'Instruction, présenta un nouveau projet.

C'est après cette longue, mais nécessaire digression que nous retrouvons enfin Lakanal. On se rappelle quels gages de dévouement le député de l'Ariège avait donnés déjà aux lettres et aux sciences. Le rapport sur l'instruction publique suivit de très près les décrets des 4 et 10 juin, relatifs au Vandalisme et au Muséum d'histoire naturelle. Ce rapport se trouve dans le *Moniteur* du 6 juillet 1793, n° 187). Nous n'en citerons que les dispositions principales, car il ne fut pas adopté.

Institution des écoles nationales.

Article I. — Les écoles nationales ont pour objet de donner aux enfants de l'un et de l'autre sexe l'instruction nécessaire à des citoyens français.

Art. II. — Il sera établi sur le territoire de la République une école par mille habitants.

Art. V. — Chaque école nationale est divisée en deux sections, une pour les garçons, l'autre pour les filles.

En conséquence, il y a un instituteur et une institutrice.

Bureau d'inspection.

Art. VI. — Il y a près de chaque administration de district un bureau d'inspection chargé de la surveillance et de la partie administrative des écoles nationales.

. . . .

Des Instituteurs.

Art. IX. — Les instituteurs et institutrices des écoles nationales sont examinés et élus par le bureau d'inspection.

Art. XVI. — L'instituteur portera, dans l'exercice de ses fonctions et aux fêtes nationales, une médaille avec cette inscription :

CELUI QUI INSTRUIT EST UN SECOND PÈRE...

De la commission centrale de l'instruction publique.

Instruction et régime des écoles nationales.

Art. XXII. — L'éducation que la nation donne aux enfants est en même temps intellectuelle, physique, morale et industrielle ; en un mot, elle embrasse tout l'homme.

Art. XXIII. — Les premières notions de lecture et d'écriture sont données par l'institutrice aux petits enfants *de l'un et de l'autre sexe.*

Art. XXIV. — Dans l'une et l'autre section de chaque école nationale on achève de perfectionner les enfants dans la lecture et l'écriture. On enseigne les règles de l'arithmétique, l'art de se servir des dictionnaires, on donne les premières connaissances de géométrie, de physique, de géographie, de morale et d'ordre social.

Art. XXV. — Les élèves des écoles nationales sont instruits dans les exercices les plus propres à entretenir la santé, et à développer la force et l'agilité du corps.

Art. XXIX. — Ils visitent plusieurs fois l'année, avec leur instituteur, sous la conduite d'un magistrat du peuple, les hôpitaux et les prisons les plus voisins.

Art. XXX. Les mêmes jours, ils aident dans leurs travaux domestiques ou champêtres les pères ou les mères de famille que leurs infirmités ou leurs maladies empêchent de s'y livrer.

Art. XXXI. — On les conduit quelquefois dans les manufactures ou les ateliers où l'on prépare des marchandises d'une consommation commune, afin que cette vue leur donne quelque idée des avantages de l'industrie humaine.

Art. XXXII. — Une partie du temps destiné aux écoles est employé à des ouvrages manuels de différentes espèces utiles et communes.

Les filles surtout sont instruites à coudre, à tricoter, etc. -

Des élèves de la patrie...
Ecoles particulières et libres.

Art. XLI. — La loi ne peut porter aucune atteinte au droit qu'ont les citoyens d'ouvrir des cours et écoles particuliers et libres, sur toutes les parties de l'instruction, et de les diriger comme bon leur semble.

.   .   .   .

Des Bibliothèques...
Des fêtes républicaines, particulières et
communales.
Des fêtes nationales.

Art. LIII. — Les fêtes nationales sont instituées dans les cantons, les districts, les départements, et dans les lieux où l'assemblée tient ses séances.

Art. LIV. - Les fêtes nationales, dans chacun de ces trois degrés, sont de trois sortes. Elles ont rapport : aux époques de la nature, à celles de la société humaine, et à celles de la révolution française.

Art. LV. — Dans les cantons, on célèbre :

1º La fête de l'ouverture des travaux de la campagne ; 2º celle de leur clôture ; 3º la fête de la jeunesse ; 4º celle du mariage ; 5º celle de la maternité ; 6º celle des vieillards ; 7º la fête des droits de l'homme ; 8º celle de la première union politique, de l'institution des assemblées primaires, et de la souveraineté du peuple ; 9º enfin, la fête particulière du canton.

Art. LVI. — Dans les districts on célèbre les fêtes :

1º Du retour de la verdure ; 2º du retour des fruits ; 3º des moissons ; 4º des vendanges ou de toute autre récolte locale ; 5º la fête de l'égalité ; 6º de la liberté ; 7º de la justice ; 8º de la bienfaisance ; 9º enfin la fête particulière du district.

Art. LVII. — Dans les départements on célèbre la fête des saisons de l'année :

1º Du printemps, à l'équinoxe du printemps ; 2º de l'été, au solstice d'été ; 3º de l'automne, à l'équinoxe d'automne ; 4º de l'hiver, au solstice d'hiver ; 5º la fête de la poésie, des lettres, sciences, etc.; 6º la fête de la destruction des ordres et de la reconnaissance de l'unité du peuple, au 17 juin ; 7º celle de l'abolition des privilèges au 4 août ; 8º enfin, la fête particulière du département.

Art. LVIII. — Dans la ville où l'assemblée nationale tient ses séances, on célèbre, au nom de la république entière, les fêtes générales.:

1º De la fraternité du genre humain, au
premier jour de l'an ;

2º De la Révolution française, au 14 juillet;

3º De l'abolition de la royauté et l'établissement de la République, au 10 août;

4 La fête du peuple français, un et indivisible, au jour où il sera proclamé que la Constitution est acceptée.

. . . .

Art. LXI. — Dans tous les cantons il y a
au moins un théâtre national pour la libre
réunion des citoyens.

Art. LXII. — Les hommes s'y exercent à
la musique, à la danse, et à d'autres parties
de la gymnastique. Les femmes s'y instruisent à la danse, à la musique.

Tous pour concourir ensuite à donner aux
fêtes nationales plus de beauté et de solennité,
etc., etc.......

Le projet de loi contient 70 articles. Ce qu'il
présente de plus saillant, c'est d'abord le singulier respect témoigné aux fonctions de l'instituteur (art. 16) ; la diversité de l'éducation
qui embrasse tout l'homme, intellectuelle,
physique et morale, et que nous appelons
aujourd'hui l'*éducation intégrale* (art. 22);
la part importante attribuée aux exercices physiques (art. 25) ; le souci d'attirer

l'attention de l'enfant sur les choses usuelles, les arts mécaniques, les souffrances d'autrui, etc. ; de ne pas nourrir leur mémoire seulement, de notions vagues, mais encore, et surtout d'instruire leurs yeux et d'exercer leur réflexion (art. 31 et 32). Il n'y a pas longtemps qu'on s'est avisé de ce qu'il y avait d'excellent dans ces prescriptions de Lakanal. On a introduit dans les programmes d'enseignement les *leçons de choses*, et on a fait un nouveau progrès en imaginant les *promenades scolaires*, dans les musées, les usines, etc.

Il faut remarquer, ensuite, la liberté laissée à l'initiative privée d'ouvrir des écoles (art. 41); enfin, ce qui est moins heureux, l'emploi de fêtes à tous les degrés, comme moyen pédagogique et récréatif.

La question des fêtes, locales ou nationales, disons-le, une fois pour toutes, sans tenir autant de place que celle de l'instruction publique, dans les conseils de la Révolution, a pourtant vivement occupé les hommes de ce temps. On peut lire, pour s'en convaincre, le beau discours de Robespierre, du 18 floréal an II (7 mai 1794), sur *les fêtes nationales*. Non seulement Lakanal et Robespierre, mais encore Chénier, David, Daunou, Grégoire, et beaucoup d'autres attachaient à ces fêtes une grande importance, précisément au point de vue de l'éducation nationale. L'idée était juste, mais impraticable.

Elle était juste, car elle avait suggéré les fêtes antiques de la Grèce et de Rome. Mais à Athènes, à Sparte, à Rome, le peuple ne se composait que de plusieurs milliers de citoyens. Comment, au contraire, entraîner une nation de plusieurs millions d'hommes, et décréter l'enthousiasme ? — En Grèce et à Rome, la gloire, la jeunesse, le courage, etc., n'étaient pas simplement des idées. Ces idées avaient un corps, des formes ; elles étaient de véritables divinités, dont on portait les images dans les *théories ;* des divinités, qu'on voyait, et qu'on acclamait. Passe encore pour la fête des fruits, des moissons, des vendanges. Mais comment intéresser des campagnards, grossiers encore, et des ouvriers sans lecture, et des bourgeois sceptiques, à ces choses abstraites qui s'appelaient : *l'institution des assemblées primaires, la fête de la poésie, la fête de la reconnaissance de l'unité du peuple,* etc., etc. ?

Les seules fêtes qu'on pût établir, celles qui ont survécu d'ailleurs, quelques années, c'était la célébration d'anniversaires, tels que le 14 juillet, le 10 août, le 21 septembre, le 21 janvier ; car ces dates n'étaient plus de froides abstractions. Elles correspondaient à de grands événements dont le souvenir vivait dans l'âme du peuple.

Le plan de Lakanal, discuté dans la séance du 2 juillet, fut combattu par Coupé (de l'Oise) et par Lequinio, dont les contre-projets s'effacèrent eux-mêmes devant le célèbre mémoire de Lepelletier-Saint-Fargeau.

Le 13 juillet 1793, le jour même où Charlotte Corday assassinait Marat, Robespierre disait à la tribune de la Convention : « Avec la mémoire de ses vertus (1), Michel Lepelletier a légué à son pays un plan d'éducation que le génie de l'humanité semble avoir tracé. » Le *Moniteur* du 17 juillet (1793, n° 198) ne cite que des extraits de ce fameux plan, dont la lecture dura quatre heures, et auquel Robespierre donnait une entière approbation. Nous n'en parlerons, nous-mêmes, que très sommairement.

Il ne s'agissait de rien moins que de transporter, en France, les usages de Sparte et les rêveries de Platon. Lepelletier ne se contentait pas de réclamer vaguement, comme Ducos, l'instruction obligatoire et commune. A ses yeux, l'enseignement ne devait avoir qu'un seul degré, *et tous les enfants depuis l'âge de cinq ans jusqu'à onze ans pour les filles et douze pour les garçons, devaient être élevés en commun, aux dépens de la République, sous la sainte loi de l'égalité.* « Tous, disait le décret, recevront mêmes vêtements, même nourriture, même instruc-

---

(1) Il avait été assassiné, le 21 janvier, au Palais-Royal, par un ancien garde du corps, pour avoir voté la mort de Louis XVI.

tion et mêmes soins. » Lepelletier veut qu'à partir de cinq ans l'enfant devienne une propriété de l'État. C'est la théorie de Saint-Just, dans ses *Fragments d'institutions républicaines.*

D'après Saint-Just, les enfants appartiennent à leur mère jusqu'à cinq ans, si elle les a nourris, et à la République ensuite jusqu'à la mort. Jusqu'à seize ans, ils sont habillés et nourris par l'État. Il est vrai que le régime est peu coûteux. « Les enfants sont vêtus de toile dans toutes les saisons : ils couchent sur des nattes et dorment huit heures. Ils sont nourris en commun et ne vivent que de racines, de fruits, de légumes, de laitage, de pain et d'eau... » Moins sévère que Lepelletier, Saint-Just permet que les filles « soient élevées dans la maison paternelle ».

Tous les enfants, arrachés à leurs familles, dès l'âge de cinq ans, que deviennent-ils ? — Lepelletier les réunit, par groupes de cinquante, dans un internat obligatoire, sous la direction d'un seul maître. Là, on enseigne aux garçons, ce que demandait pour eux Condorcet : lecture, écriture, calcul, morale, économie domestique, histoire civique, en ajoutant à la science de l'esprit, le *travail des mains.* Les garçons, de préférence, doivent être exercés *à travailler la terre* « et à ramasser et à répandre des matériaux, sur les routes. »

Les enfants des deux sexes, soumis à un pareil traitement, doivent sortir de l'école parfaitement républicains. « Dans notre système, dit Lepelletier, la totalité de l'existence de l'enfant nous appartient. La matière ne sort jamais du moule. Tout ce qui doit composer la République doit être jeté dans un moule républicain. » Et il ne peut contenir son enthousiasme à la pensée que ce système va transformer la nation :

« Que ces jeunes arbres, s'écrie-t-il, soient transplantés dans la pépinière nationale. Qu'un même sol leur fournisse des sucs nutritifs : qu'une culture vigoureuse les façonne ; que, pressés les uns contre les autres, vivifiés par les rayons d'un soleil bienfaisant, ils croissent, se développent, s'élancent tous ensemble, et à l'envi, sous les regards et sous la douce influence de la patrie ! »

Ce système, absolument chimérique, qui a obtenu, de notre temps, l'admiration de Michelet (*Hist. de la Révol.*, tome IV), fut combattu, dans la séance du 30 juillet par Grégoire, qui lui faisait le double reproche de tenir peu de compte de la liberté des parents, et d'être trop onéreux pour la nation.

« Il ne suffit pas, dit Grégoire, qu'un système se présente escorté de noms illustres, qu'il ait pour patrons Minos, Platon, Lycurgue et Lepelletier. Il ne faut pas oublier la différence qui existe entre la petite cité de

Sparte qui contenait, peut-être, vingt-cinq
mille habitants et un vaste empire qui en
renferme vingt-cinq millions. Respectons les
droits de la nature... Rien ne remplace les
bontés d'un père, les caresses d'une mère...
Laissons donc aux enfants l'exercice journa-
lier de la piété filiale. » Puis, il évalua les
dépenses du système à 300 millions. (*Moniteur* du 11 août, n° 223, supplément.)

L'Assemblée se montra moins convaincue
ou moins hardie que Robespierre. Non pas
que le principe de l'éducation *commune*, et
surtout *gratuite*, la fît reculer. Au contraire,
elle applaudit Danton, s'écriant, le 13 août
suivant : « Quand vous semez dans le champ
de la patrie, ne comptez pas le prix de la se-
mence. *Après le pain, l'éducation est le premier besoin du peuple !* » — Mais elle ajourna
l'obligation et témoigna toujours, sur ce principe, des idées assez contradictoires. C'est
ainsi que Danton, qui avait combattu l'obligation, soutenait, quelques mois plus tard,
« que les enfants appartiennent à la République, avant d'appartenir à leurs parents ».

Il a fallu toutes les épreuves qu'a traver-
sées la France, depuis la première jusqu'à la
troisième République, pour donner à notre
système d'instruction populaire la forme pré-
cise et rigoureuse que nous résumons aujour-
d'hui dans ces trois termes : *gratuité, laïcité,*

obligation. En effet, les gouvernements despotiques, de toute nature, que nous avons subis, se sont si audacieusement appuyés sur

Anacharsis Cloot: dans les Champs-Elysées (page 83).

l'ignorance générale de la nation, que l'instruction du peuple ne nous apparaît plus seulement comme une nécessité morale pour l'individu, mais encore comme une loi de préservation publique pour tous ; et, si l'on peut ainsi parler, comme une mesure de salubrité et de sécurité nationales, contre le retour d'un effroyable fléau. Soyons instruits, nous resterons libres.

Par conséquent, il ne nous suffit pas de vouloir la *gratuité*, comme Condorcet et comme Danton, si lourd que doive être le budget de l'instruction publique. Il ne nous suffit pas de vouloir la *laïcité*, comme Condorcet, comme la Convention tout entière. Nous voulons encore et surtout *l'obligation*, que la Convention, malgré Lepelletier et Saint-Just, n'a pas songé à inscrire dans la loi, que les gouvernements monarchiques ont écartée avec sollicitude, mais qui, en dépit de routinières résistances, s'imposera à nos législateurs contemporains. Les droits du père de famille ne peuvent prévaloir contre ceux de l'Etat, antérieurs aux siens et supérieurs. « Les enfants de l'Etat *doivent* être élevés par l'Etat. » Avant Saint-Just, c'est un magistrat royaliste, c'est La Chalotais qui l'a proclamé.

Pendant la seconde moitié de l'année 1793, l'année terrible, la Convention ne cessa pas de travailler à la transformation intellectuelle et morale de la France. Les projets se succédaient à la tribune où les déposaient et les soutenaient tour à tour Barère, Chénier, Gré-

goire, Fourcroy, Bouquier et bien d'autres.
Et cette ardeur se propageait en dehors de
l'Assemblée, dans les classes populaires, et
jusque dans l'âme des enfants. « J'ai vu der-
» nièrement aux Champs-Élysées, écrivait
» Anacharsis Clootz, deux jeunes sans-cu-
» lottes, couchés sur l'herbe, avec un livre à
» la main, et se servant mutuellement de ré-
» pétiteurs. » Je m'approche en louant leur
zèle. « Citoyen, me répondirent ces enfants,
on n'est pas libre sans cela. » Nous criâmes,
tous les trois, à tue-tête : Vive la République!»
(Cité par L. Blanc, *Rev. franç.*, t. II, p. 570.)
On peut dire que la Convention commençait
à jouir du fruit de ses efforts, et que la génération nouvelle, celle dont sortirent les Barra
et les Viala, ces enfants héroïques, croissait
véritablement pour l'orgueil et l'espoir de la
République.

Quelle était la part de Lakanal dans ce
prodigieux entraînement ? On pense bien que
le président du Comité d'Instruction ne s'é-
pargnait guère. Pourquoi, cependant, parmi
les membres de l'Assemblée, n'est-il pas de
ceux qu'on voit au premier rang et dont il
semble qu'on entende encore la voix reten-
tissante ? Parce que Lakanal est modeste,
n'ayant pas, il faut l'avouer, la taille superbe
de ces lutteurs qui s'appellent Danton, Saint-
Just, Robespierre, et parce qu'il se tient en
dehors de la mêlée des partis, tout entier à sa

tâche pacifique. Mais que l'orage cesse de gronder, et Lakanal élève la voix ; que la tribune soit libre un instant, et Lakanal y monte pour lire un rapport ou présenter un projet ; et, comme dit M. Mignet, on est étonné, non pas que Lakanal échoue quelquefois, mais qu'il réussisse aussi souvent.

Après son échec du 26 juin 1793, il proposa le 15 septembre un décret qui établissait trois degrés d'enseignement, décret adopté mais non suivi d'exécution (1). C'est ensuite qu'il partit pour cette mission dans la Dordogne que nous connaissons. Lorsqu'il revint, il laissa passer les tempêtes qui agitèrent la Convention et dans lesquelles disparurent tour à tour les Hébertistes, les Dantonistes et Robespierre lui-même, puis il se remit à l'œuvre.

---

(1) La Convention nationale... décrète :

Art 1. — Indépendamment des écoles primaires dont la Convention s'occupe, il sera établi dans la République, trois degrés progressifs d'instruction. Le premier pour les connaissances indispensables aux artistes et ouvriers de tous les genres (c'est l'enseignement primaire supérieur et professionnel) ; le second, pour les connaissances ultérieures nécessaires à ceux qui se destinent aux autres professions de la société ; et le troisième, pour les objets d'instruction dont l'étude difficile n'est pas à la portée de tous les hommes (*Moniteur* de 93, n° 262).

Le décret se compose de 3 articles.

CHAPITRE VII

L'INSTRUCTION PUBLIQUE SOUS LA CONVENTION

2° Du 9 thermidor 1794 au 26 octobre 1795 (4 brumaire an IV).

Après la lutte, le calme était venu ; des projets et des théories, la Convention passait à l'organisation législative. Elle inaugurait la série des travaux administratifs et civils, que continuèrent le Directoire et le Consulat, et que Bonaparte marqua de l'empreinte impériale pour s'en attribuer le mérite ; mais qui, aux yeux de l'histoire impartiale, restent l'honneur de la République. Nous avons exposé les idées de la Révolution sur l'éducation et nous y avons insisté, à dessein, car ces idées ont dirigé les législateurs. Il faut voir maintenant quelles institutions en sont sorties, et retrouver dans ce travail d'organisation la part plus personnelle de Lakanal.

Lakanal avait fait, en quelque sorte, une brillante rentrée dans l'Assemblée, par l'éloge de Jean-Jacques Rousseau, prononcé le 29 fructidor an II (16 septembre 1794) au nom du Comité d'Instruction, à propos de la translation des restes de Rousseau au Panthéon. Ce discours est trop long pour être reproduit en entier dans ce petit livre, mais nous ne pouvons nous tenir d'en citer quelques passages, remarquables par la hauteur de la pensée et la noblesse du style.

« Citoyens, vous avez accordé les honneurs du Panthéon, et décerné une statue à Jean-Jacques Rousseau. Votre Comité d'Instruction publique m'a chargé de vous soumettre ses vues sur cet acte solennel de justice nationale...

» La voix de toute une génération nourrie de ses principes et pour ainsi dire élevée par lui, la voix de la République entière l'y appelle; et ce temple, élevé par la *patrie reconnaissante aux grands hommes* qui l'ont servie, attend celui qui depuis si longtemps est placé en quelque sorte dans le panthéon de l'opinion publique. »

Après avoir dit que Rousseau est plus digne du Panthéon que Mirabeau, auquel il fait une longue et transparente allusion, il vante le *Contrat social* « qui semble avoir été fait pour être prononcé en face du genre humain assemblé pour lui apprendre ce qu'il a été et ce qu'il a perdu », et il fait en ces termes ressortir le mérite de Rousseau :

« En France, où la force d'opinion avait écrasé la force réelle, il soutint le droit de réprimer par la force le prétendu droit du plus fort ; en France, où le gouvernement se jouait sans pudeur des biens, des mœurs, des lois et des libertés, il rappela aux gouvernés leurs prérogatives, usurpées par les gouvernants ; en France, où les rangs étaient pris pour des droits, où ils s'opprimaient graduellement entre eux et pesaient tous ensemble sur le peuple, il proclama l'égalité des droits et l'inaliénable souveraineté du peuple, fondement de toute association légitime...

» Mais les grandes maximes, développées dans le *Contrat social*, toutes évidentes, toutes simples qu'elles nous paraissent aujourd'hui, produisirent alors peu d'effet. On ne les entendit pas assez pour en profiter ni pour les craindre. *C'est en quelque sorte la Révolution qui nous a expliqué le* Contrat social.... »

Voici maintenant ce que dit de l'*Emile*, l'ancien professeur, l'homme qui s'était voué à l'enseignement : « Le nom seul de cet ouvrage rappelle d'abord de grands services rendus à l'humanité : l'enfance délivrée des liens barbares qui la déformaient, et de l'instruction servile qui l'abrutissait ; la méthode de la raison substituée à celle des préjugés et de la routine ; l'enseignement rendu facile pour celui qui le reçoit, et la route de la vertu aplanie comme celle de la science ; les mères égarées jusque-là par la dissipation du monde, ramenées par une éloquence irrésistible et par l'attrait du plaisir au plus doux comme au plus sacré de leurs devoirs. Une foule d'écrivains avaient prouvé avant Jean-Jacques Rousseau que les mères devaient nourrir leurs enfants ; mais Rousseau, dit un un naturaliste célèbre, le commanda et se fit obéir.

» Jean-Jacques Rousseau s'est élevé contre la science. Mais ses ouvrages prouvent combien il s'en était occupé. Non, elles ne sont pas contraires au bonheur des peuples ! Ce sont elles qui relèvent l'homme dans le malheur ; elles consolèrent Boèce dans les fers ; elles purifièrent les âmes de leurs sectateurs fidèles.

» Que d'hommes parmi vous lui doivent et leurs plaisirs et leurs vertus ! ce sont elles qui répandent des lumières terribles sur les violateurs des principes. *L'homme qui sait penser ne saurait être esclave!....* » — Ne sont-ce pas là de nobles paroles, et bien placées dans la bouche de celui qui s'était montré si dévoué envers les sciences et les savants ? Quelle meilleure réponse aux doctrines extrêmes de certains Montagnards qui voulaient supprimer les sciences comme aristocratiques ? Coffinhal n'avait-il pas dit à l'illustre Lavoisier : « Tais-toi, la République n'a pas besoin de chimie. » Il se trouva, au contraire, que les sciences rendirent de grands services à la Révolution.

Arrivons à la péroraison de Lakanal : « Hâtez-vous donc, citoyens, d'arracher ce grand homme à sa tombe solitaire pour lui décerner les honneurs du Panthéon et le couronner de l'immortalité. Honorez l'ami, le défenseur, l'apôtre des mœurs et de la liberté, le promoteur des droits de l'homme, le précurseur éloquent de cette Révolution que vous êtes appelés à terminer pour le bonheur des peuples.... Honorez-vous enfin vous-mêmes, en honorant l'homme de génie qui fut le plus éloquent de vos instituteurs dans l'art sublime de policer les peuples... » (1).

Suit le plan de la fête consacrée à Rousseau. Il nous a semblé que ce discours, — dont nous n'avons pas à apprécier le fond — était, dans sa forme, d'une langue pure, large et sonore, le plus capable de donner une idée du talent littéraire de Lakanal.

L'enseignement à trois degrés, proposé en septembre 93 par Lakanal, et attaqué alors (par Chabot) comme aristocratique, fut cependant celui qu'organisa la Convention, et qui subsiste aujourd'hui, après beaucoup de vicissitudes. Il correspond trop à la nature des choses et aux besoins de la société pour n'être pas accepté. On sait que ces trois degrés comprennent l'enseignement *primaire, secondaire, supérieur.* Nous avons suivi cet ordre

______

(1) *Exposé sommaire des travaux de J. L.*, page 175.

8.

pour étudier l'instruction sous l'ancien régime, nous le suivrons encore pour étudier l'organisation du régime nouveau.

1° *Enseignement primaire.*

Cet enseignement avait été le plus vivement réclamé dans la Convention par Romme, Léonard Bourdon, Fourcroy, Thibaudeau, Chénier, etc., et on n'avait encore rendu en sa faveur que le décret du 29 frimaire an II (19 décembre 1793) (1).

Le premier article était celui-ci :

« L'enseignement est libre. Il sera fait publiquement.

» Les citoyens et citoyennes qui voudront user de la liberté d'enseigner seront tenus :

» 1° De déclarer à la municipalité qu'ils sont dans l'intention d'ouvrir une école ; 2° de désigner l'espèce de science ou d'art qu'ils se proposent d'enseigner ; 3° de produire un certificat de civisme et de bonnes mœurs. » Point d'autres formalités.

Le premier degré d'instruction seul devait être salarié par l'Etat.

Les parents qui négligeraient d'envoyer leurs enfants aux écoles primaires étaient passibles, la première fois, d'une amende égale au quart

(1) Pour toutes ces lois nous ne pouvons que renvoyer au recueil de M. Gréard : *Législation de l'instruction primaire depuis 1789 jusqu'à nos jours.* 3 vol. 1874, Paris, chez Mourgues.

de leurs contributions ; et, en cas de récidive, d'une amende double, et de la privation pendant dix ans de leurs droits civiques. — Le principe de l'*obligation* apparaît bien nettement, cette fois, dans cette pénalité rigoureuse.

Ces dispositions, aussitôt envoyées aux départements, n'avaient produit que peu d'effet. Aussi, le 7 brumaire an III, Lakanal monta à la tribune, et présenta un nouveau projet au nom du Comité d'Instruction.

« Citoyens, dit-il, ce n'est pas assez d'avoir assuré le triomphe de la liberté publique par l'énergie de votre courage et l'ascendant de vos lumières. Vous voulez transmettre cette importante conquête à vos enfants…. De là naît pour vous le besoin de les préparer par des lumières à conserver cette liberté, fruit des longs efforts et des sublimes travaux de leurs pères. De là, nécessité de l'instruction.

» *Un peuple éclairé doit se tenir libre…* En renversant la tyrannie, le premier pas à faire, c'est de répandre les lumières. Sans elles le froid inactif de l'ignorance gagnerait bientôt jusqu'aux extrémités du corps social….

» Il est temps, sans doute, de pourvoir à l'un des besoins les plus essentiels et les plus négligés de la République. Hâtons-nous d'établir l'enseignement, mais sur un plan plus national, plus organique, plus digne, en un mot, de nos destinées futures. »

Le rapporteur entre dans les détails de ce

plan qui consiste à créer « 24,000 écoles nationales, avec près de 40,000 instituteurs et
institutrices, où environ 3,600,000 enfants
pourront recevoir l'enseignement primaire.
— Voilà, ajoute-t-il, un établissement immense et tout à fait national. Sa dépense en
salaires, prix d'émulation, bâtiments, sera la
plus forte que la République ait à soutenir en
temps de paix. »

Ce rapport fut suivi de la lecture d'un projet
de décret en quatre chapitres. Le premier,
relatif à la distribution des écoles primaires,
sur tout le territoire de la République, *à raison de la population*. Il devait y avoir une
école par mille habitants. Les écoles étaient
installées dans les anciens presbytères. Le
deuxième, relatif à *un jury d'instruction*,
chargé d'examiner les instituteurs et les institutrices, nommés par le peuple. Car chaque
école était partagée en deux sections, l'une
pour les garçons, l'autre pour les filles, et
pourvue d'un instituteur et d'une institutrice.
Le troisième chapitre était consacré aux devoirs des instituteurs. Le quatrième, à l'instruction et au régime des écoles primaires. En
voici les principales dispositions :

Art. I. — Les élèves ne seront pas admis
aux écoles primaires avant l'âge de six ans
accomplis.

Art. II. — Dans l'une et l'autre section de
chaque école, on enseignera aux élèves :

1° A lire et à écrire, et les exemples de lecture rappelleront leurs droits et leurs devoirs ; 2° la *Déclaration des droits de l'homme et du citoyen* et la Constitution de la République française ; 3° on donnera des instructions élémentaires sur la morale républicaine ; 4° les éléments de la langue française ; 5° les règles du calcul simple et de l'arpentage ; 6° les éléments de la géographie et de l'histoire des peuples libres ; 7° des instructions sur les principaux phénomènes et les productions les plus usuelles de la nature. On fera apprendre le recueil des actions héroïques et les chants de triomphe.

Art. III. — L'enseignement se fera en langue française. L'idiôme du pays ne pourra être employé que comme moyen auxiliaire.

Art. IV. — Les élèves seront instruits dans les exercices les plus propres à entretenir la santé et à développer la force et l'agilité du corps.

Art. VII. — Les élèves visiteront plusieurs fois l'année avec leurs instituteurs, et sous la conduite d'un magistrat du peuple, les hôpitaux les plus voisins.

Art. VIII. — Les mêmes jours ils aideront dans leurs travaux domestiques et champêtres les vieillards et les parents des défenseurs de la patrie.

Art. IX. — On les conduira quelquefois dans les manufactures et les ateliers où l'on prépare des marchandises d'une consommation commune.

Art. X. — Une partie du temps destiné aux écoles sera employée à des ouvrages manuels de différentes espèces utiles et communs. — On reconnaît là quelques-uns des articles du projet du 26 juin 1793.

Art. XII. — Des prix d'encouragement seront distribués tous les ans aux élèves en présence du peuple dans la fête de la Jeunesse.

Art. XIV. — Les jeunes citoyens qui n'auront pas fréquenté ces écoles seront examinés en présence du peuple à la fête de la Jeunesse. S'il est reconnu qu'ils n'ont pas les connaissances nécessaires à des citoyens français, ils seront écartés, jusqu'à ce qu'ils les aient acquises, de toutes les fonctions publiques.

Ce projet qui fut discuté plusieurs jours, et dont quelques parties furent attaquées, notamment le programme d'enseignement, trop étendu pour des écoles élémentaires, aboutit à la loi du 27 brumaire an III (17 novembre 1794).

(*Moniteur* de 1794, nᵒˢ 39 et 60).

Enfin, ces deux lois partielles du 29 frimaire an II et du 27 brumaire an III vinrent se fondre dans la loi générale du 3 brumaire an IV (25 octobre 1795) qui organisait l'ensemble de l'instruction publique. Ce fut la dernière œu-

vre de la Convention qui se sépara le lendemain. On le voit, le grand objet de sa suprême,
comme de sa première préoccupation, avait
été l'instruction publique.

Le rapporteur de la loi générale fut l'ancien oratorien Daunou, animé de la même
passion que Lakanal pour l'instruction et la
liberté. Après avoir montré ce qu'était l'instruction avant 1789, l'orateur parla des différents plans d'instruction publique, *si multipliés depuis six ans :* entre ces plans, il distingua ceux de Talleyrand et de Condorcet,
qu'il analysa et jugea ; et il fit suivre cet
exposé historique d'un projet de décret qui
passa sans discussion, tout d'une voix. La loi
était partagée en six titres.

Le premier était relatif aux écoles primaires, où l'on devait enseigner la lecture, l'écriture, le calcul, et les *éléments de la morale
républicaine.* — Voilà le seul catéchisme qu'on
jugeait alors nécessaire. — Le nombre des
écoles n'était pas fixé. La loi se bornait à dire
qu'il y en aurait une ou deux par canton. En
outre, et ceci était plus grave, la loi se taisait
sur les deux principes de la *gratuité* et de
l'obligation.

Le titre II concernait les *écoles centrales.*
Le titre III parlait des *écoles spéciales,* mais
seulement pour annoncer que leur nombre et
leur organisation seraient déterminés par des
lois spéciales. Le titre IV était consacré à

l'Institut national. Le titre V, aux encouragements et aux récompenses qui devaient être décernés aux élèves dans les fêtes publiques. Le titre VI créait **7** *fêtes nationales* « pour » entretenir la fraternité entre les citoyens, » et les attacher à la Constitution, à la patrie, » et aux lois », et qui devaient être célébrées tous les ans, dans chaque canton de la République aux époques suivantes :

1° La fête de la fondation de la République, le 1er vendémiaire.

2° La fête de la Jeunesse, le 10 germinal.

3° La fête des époux, le 10 floréal.

4° La fête de la Reconnaissance, le 10 prairial ;

5° La fête de l'Agriculture, le 10 messidor ;

6° et 7° La fête de la Liberté, les 9 et 10 thermidor.

La célébration de ces fêtes devait consister en chants patriotiques, en discours sur *la morale du citoyen*, en banquets fraternels, en divers jeux publics, propres à chaque localité, et dans la distribution des récompenses. Daunou, comme Lakanal et bien d'autres, ainsi que nous l'avons déjà vu, attribuait à ces fêtes un rôle important.

Enfin, la loi reconnaissait aux particuliers le droit de créer des établissements d'instruction, et d'appliquer les méthodes qui leur paraîtraient les meilleures

Lakanal en mission dans les départements du Rhin (page 127).

Tel fut le terme des efforts de la Convention en faveur de l'enseignement primaire. Ces efforts, il en coûte de le reconnaitre, ne furent suivis que de médiocres résultats. Ils se heurtèrent, presque partout, contre l'apathie des administrations et aussi l'indifférence des populations. Il faut être déjà instruit, dit M. Despois (*Vandalisme révolutionnaire*), pour apprécier les bienfaits de l'instruction, et l'ancien régime avait légué à la Révolution des générations peu préparées à ces réformes si nécessaires. L'Empire se garda bien d'encourager les écoles, qui languirent sous la Restauration et ne retrouvèrent un peu de vie que sous Louis-Philippe, grâce à la célèbre loi de M. Guizot, du 28 juin 1833. C'est seulement la troisième République qui a repris, en matière d'enseignement primaire, la tradition de la Convention nationale.

2° *Enseignement secondaire.*

Cet enseignement était donné avant la Révolution dans les collèges de tout genre, dont la plupart appartenaient à des congrégations enseignantes. Ces collèges avaient été l'objet des décrets du 18 août 1792 et du 15 septembre 1793. Mais, en dépit de cette suppression législative, il ne semble pas qu'ils eussent complètement disparu. Ainsi, le concours général des collèges de Paris avait eu lieu en 1793, comme de coutume. La Convention résolut de les faire revivre dans des établissements nouveaux, où seraient introduites les améliorations réclamées avant 89 par La Chalotais et Rolland, et depuis par Talleyrand et Condorcet, et qui seraient directement rattachés à l'État. Telles furent les *Écoles centrales*, dues principalement à Lakanal. Elles n'ont pas duré longtemps, mais elles ont prouvé qu'elles pouvaient rendre de grands services, et elles ont reparu, quoique avec de profondes différences, dans les *lycées* de l'Université Impériale.

Le 7 ventôse an III (25 février 95), Lakanal, au nom des Comités d'Instruction publique et des Finances, s'exprima en ces termes : « Citoyens, si vous n'étiez pas convaincus que la République française ne peut se maintenir et prospérer que par l'instruction, et que la liberté, sans la lumière, ne fût jamais qu'une bacchante effrénée, je vous dirais, pour v us déterminer à fonder les établissements que nous vous proposons, qu'un grand nombre de départements le ont réclamés... Je vous dirais que les établissements proposés sont, en quelque sorte, des cadres ouverts pour recevoir les élèves de l'École normale...

» Les écoles primaires s'organisent de toutes parts : les livres élémentaires sont composés ; il vous *reste un pas à faire pour monter tout le système de l'instruction nationale,* et ce pas sera un grand bienfait pour la révolution qui s'avance. »

La péroraison de ce Rapport est d'un mouvement et d'une ampleur admirables :

« ... Les Ecoles normales ont annoncé à la France le complément de l'instruction qui ne peut être que dans les écoles centrales. Vous ne laisserez pas l'édifice imparfait. L'univers, la postérité sauront qu'au milieu des orages d'une révolution inouïe, dans les crises d'une guerre dont vous souffliez l'embrasement sur vingt nations punies de leurs forfaits ; tandis que, dans l'intérieur, vous terrassiez d'une main le crime et l'immoralité, et que de l'autre vous cicatriciez les plaies que la patrie avait reçues de ses parricides enfants ; votre génie infatigable combattant sans relâche l'ignorance et le vandalisme qui menaçaient d'envelopper la République, élevait un temple immense, un temple éternel, et jusqu'à vous sans modèle, à tous les arts, à toutes les sciences, à toutes les branches de l'industrie humaine ; et que vous assuriez par ce chef-d'œuvre à la nation française sur les peuples de l'univers une supériorité plus glorieuse que celle que vous avait donnée le succès de nos armes triomphantes. » (*Exposé sommaire des travaux de J. L.*)

Voici le projet de décret :

Le chapitre 1er a pour titre: *Institution des Écoles centrales.*

L'article 1er porte : « Pour l'enseignement des sciences, des lettres et des arts, il sera établi dans toute l'étendue de la République des Ecoles centrales, distribuées à raison de la population. La base proportionnelle sera d'une École pour 300,000 habitants.

L'article 2 fixe le nombre des professeurs de chaque École, et les porte à quinze. Ils enseigneront:

    1° Les mathématiques ;

    2° La physique et la chimie expérimentales ;

    3° L'histoire naturelle ;

    4° La méthode des sciences ou logique, et l'analyse des sensations et des idées ;

    5° L'économie politique et la législation ;

    6° L'histoire philosophique des peuples ;

    7° L'hygiène ;

    8° Les accouchements, les maladies des femmes en couches et celles des enfants ;

    9° Les arts et métiers ;

    10° La grammaire générale ;

    11° Les belles-lettres ;

    12° Les langues anciennes ;

    13° Les langues vivantes les plus appropriées aux localités ;

    14° Les arts du dessin ;

    15° L'agriculture et le commerce.

L'article 3 porte que les leçons seront données en français. L'article 5 accorde à chaque école « une bibliothèque, un jardin et un cabinet d'histoire naturelle, un cabinet de physique, une collection de machines et de modèles pour les arts et métiers. » On voit la part énorme faite à l'enseignement scientifique. Tout cela est du pur Condorcet.

L'article 6 charge le Comité d'Instruction « de faire composer les livres élémentaires qui doivent servir à l'enseignement dans ces écoles centrales ».

Le chapitre II crée un *jury central d'instruction*, composé de trois membres, nommés par le Comité d'Instruction publique, et chargés d'examiner, d'élire et de surveiller les professeurs.

Ceux-ci ont un traitement de 3, 4 et 5,000 livres, suivant la population des villes.

Le chapitre III et dernier crée des prix d'encouragement qui seront distribués tous les ans, en présence du peuple, dans la *fête de la Jeunesse*.

Un dernier article confirme la suppression déjà prononcée plusieurs fois « de tous les établissements consacrés à l'instruction publique sous le nom de *collèges* ».

Ce décret passa presque sans opposition, et fut suivi d'un nouveau décret du 18, contenant le tableau des communes où les écoles centrales devaient être placées. Une foule de réclamations s'élevèrent et on n'y put mettre un terme qu'en donnant une école centrale à chaque département, et en la plaçant dans le chef-lieu.

Les écoles centrales ne recevaient d'abord que des externes. Deux d'entr'elles furent aussitôt installées à Paris; l'une, au palais Mazarin, *Ecole des Quatre-Nations*; l'autre, fut l'*Ecole du Panthéon*, depuis collège Henri IV; une troisième, qui naquit bientôt, celle de la *rue Saint-Antoine* est devenue le lycée Charlemagne. Lakanal y fut, plus tard, professeur. Nous avons, d'ailleurs, le nom des professeurs de ces premières écoles, et quelques-uns, ceux de Lacroix, de Cuvier, de Laromiguière, de Fontanes sont restés célèbres.

Pour surveiller et activer la création de ces Ecoles en province, la Convention y envoya cinq de ses membres, parmi lesquels Lakanal. Leur zèle ne fut pas assez puissant, paraît-il, puisque ces Ecoles furent remaniées par la grande loi du 3 brumaire an IV. Il faut bien avouer que, comme celui des Ecoles primaires, le programme de leur enseignement était trop étendu. Cependant ces écoles n'ont peut-être pas d'autre tort que de n'avoir pas assez vécu, car elles furent supprimées dès 1802, par le Consulat.

Lorsque le premier Consul créa les *lycées* pour l'enseignement secondaire (décret du 1er mai 1802), il se garda bien de conserver le

programme des écoles centrales ! La logique
et l'analyse des sensations et des idées, l'économie politique et la législation, l'histoire
philosophique des peuples ! c'étaient là des
études dangereuses, trop propres à développer la raison des élèves, et à leur inspirer de
subversives réflexions. Les langues anciennes, froides et inanimées, si bien nommées
les *langues mortes*; les belles-lettres qui
ornent la mémoire, sans aider au jugement :
voilà sur quoi insista le Consulat. Il supprima
la logique (idéologie !) et l'histoire, naturellement. En revanche, il introduisit des aumôniers dans les lycées pour y donner l'*instruction religieuse.*

C'était le retour au plan d'études des jésuites, au moment où tout portait encore l'empreinte de la République. Retour consacré
par les lois de 1806 et de 1808 qui organisè-
rent le savant mécanisme de l'*Université
impériale.*

Ces mauvaises herbes ont jeté dans l'enseignement secondaire de telles racines qu'on a
pu, au prix d'efforts opiniâtres — et récents
— extirper les vers latins et le thème grec ;
mais que l'instruction religieuse reste vivace
et invincible. Les aumôniers dans l'Université
sont comme Tartufe dans la maison d'Orgon.
Ils disent aux nouveaux programmes :

La maison est à *nous*; c'est à vous d'en sortir.

3° *Enseignement supérieur.*

La Convention ne songea pas à faire revivre sous une forme nouvelle (celle de nos Facultés, par exemple), les anciennes Universités. Mais elle fit preuve de fécondité et d'intelligence, en fondant coup sur coup l'*Ecole centrale des travaux publics* (11 mars 1794) qui devint l'année suivante l'*Ecole polytechnique* ; l'*Ecole normale* (30 octobre 1794); l'*Ecole de Mars* (1er juin 1794); le *Conservatoire des Arts-et-Métiers* (29 septembre 1794); et en 1795, le *Bureau des longitudes* et le *Conservatoire de Musique.* Avec l'Ecole polytechnique, l'innovation la plus importante c'était l'*Ecole Normale supérieure.*

Suffisait-il, en effet, d'organiser l'enseignement à tous les degrés ? La Convention ne devait-elle pas encore trouver des professeurs pour distribuer cet enseignement ? Elle voulut les réunir, pour quelque temps au moins, dans une vie intellectuelle commune, les préparer à ces devoirs auxquels elle prêtait un caractère si élevé (*celui qui instruit est un second père*), leur enseigner moins les sciences elles-mêmes que les méthodes qu'il fallait suivre pour les enseigner, et enfin, et surtout, leur inspirer, au foyer même de la Révolution, cette activité enthousiaste qui faisait

accomplir en si peu de temps tant de grandes
choses.

L'Ecole de Paris devait être le modèle de
ces écoles normales qu'on se proposait de
répartir dans les départements, et d'où sor-
tiraient, à tous les degrés de l'enseignement, les éducateurs de la France nouvelle. Ainsi donc, former des maîtres avant
d'avoir des élèves ; créer des écoles avant
même d'avoir des maîtres, pour les provo-
quer, et en quelque sorte les faire surgir du
territoire national ; lever ces soldats impro-
visés de la science, et les jeter dans l'enseignement comme on levait naguère quatorze
armées de paysans, qu'on lançait au pas de
course sur les frontières : tel fut le plan extraordinaire et, le mot convient ici, *révolutionnaire*, de la Convention. L'honneur en
revient surtout à Lakanal qui le proposa et le
fit adopter.

CHAPITRE VIII

LAKANAL ET L'ENSEIGNEMENT SUPÉRIEUR : L'ÉCOLE NORMALE ET L'INSTITUT

I. *L'Ecole Normale.*

Le rapport de Lakanal sur les Ecoles normales prononcé dans la séance du 3 brumaire an III (24 octobre 1794), contient des pages magnifiques. Il faudrait pouvoir le reproduire en entier. En voici du moins les principaux passages. (*Moniteur* de 1794, numéro du 7 brumaire. N° 37.)

« Citoyens représentants, je viens au nom de votre Comité d'Instruction publique vous présenter un plan d'organisation pour les Ecoles normales que vous avez décrétées. A ce nom seul d'organisation des écoles, un grand intérêt et une grande attente se réveillent dans la Convention et le gouvernement... Aujourd'hui la Convention gouverne seule la nation qu'elle représente, et le cri unanime de la France et de ses législateurs demande un nouveau système d'enseignement, pour répandre sur tout un peuple des lumières toutes nouvelles.

» Il y a longtemps que nous nous sentions pressés de vous parler de cet objet, qui doit à la fois terminer la révolution dans la République française et en commencer une dans l'esprit humain ; et nous avons espéré qu'en faveur d'un intérêt si grand vous nous permettriez de vous en entretenir avec quelque étendue. »

Lakanal énumère alors les conditions nécessaires à l'établissement d'un système d'instruction publique. Il dit que la Constituante a eu le tort de ne pas s'en occuper ; que la Législative n'a fait qu'ordonner un travail préparatoire. Quant à la Convention, elle n'a pu, tout d'abord, songer à l'instruction. Elle avait à lutter contre un orage trop redoutable. Mais les temps ont changé.

« Au dehors nous n'avons plus qu'un cours régulier de victoires ; au dedans, nous ne sommes plus agités que par le besoin de réparer les insultes faites à la justice, et de fermer les plaies faites à l'humanité... L'Europe se soumet à la puissance de la République, la République se soumet à la puissance de la raison... C'est le moment où il faut rassembler dans un plan d'instruction publique digne de vous, digne de la France et du genre humain les lumières accumulées par les siècles qui nous ont précédés et les germes des lumières que doivent acquérir les siècles qui nous suivront. » — Mais comment faire?

Décréter des écoles ? — Mais où trouver des instituteurs pour enseigner, dans un si grand nombre d'écoles, des doctrines si nouvelles, avec une méthode si nouvelle elle-même ?

» Existe-t-il en France, existe-t-il en Europe, existe-t-il sur la terre, deux ou trois cents hommes (et il nous en faudrait davantage), en état d'enseigner les arts utiles et les connaissances nécessaires, avec ces méthodes qui rendent les esprits plus pénétrants et les vérités plus claires : avec ces méthodes qui, en vous apprenant une chose, vous apprennent à bien raisonner sur toutes ? Non, ce nombre d'hommes, quelque petit qu'il paraisse, n'exis e nulle part sur la terre. Il faut donc le former ; et par ce cercle vicieux et fatal dans lequel semblent toujours rouler les destinées humaines, il semble que pour les former, il faudrait déjà les avoir.

» C'est ici qu'il faut admirer le génie de la Convention nationale. La France n'avait pas encore les écoles où les enfants de six ans doivent apprendre à lire et à écrire (1), et vous avez décrété l'établissement des écoles normales, des écoles du degré le plus élevé de l'instruction publique...........

» Qu'avez-vous voulu, en décrétant les écoles normales les premières, et que doivent

---

(1) On a vu que la loi sur l'enseignement primaire est du 27 brumaire, et ce rapport est du 3.

être ces écoles ? Vous avez voulu créer à l'avance, pour le vaste plan de l'instruction publique qui est aujourd'hui dans vos desseins un très grand nombre d'instituteurs capables d'être les exécuteurs d'un plan qui a pour but la régénération de l'entendement humain dans une République de vingt-cinq millions d'hommes que la démocratie rend tous égaux.

» Dans ces écoles, ce n'est donc pas les sciences que l'on enseignera, mais l'art de les enseigner ; au sortir de ces écoles, les disciples ne devront pas seulement être des hommes instruits, mais des hommes capables d'instruire ; pour la première fois sur la terre, la nature, la vérité, la raison et la philosophie vont donc aussi avoir un séminaire. Pour la première fois, les hommes les plus éminents en tout genre de sciences et de talents, les hommes qui, jusqu'à présent, n'ont été que les professeurs des nations et des siècles, *les hommes de génie vont donc être les premiers maîtres d'école d'un peuple.* Car vous ne ferez entrer dans les chaires de ces écoles que ces hommes qui y sont appelés par l'éclat non contesté de leur renommée dans l'Europe. Ici, ce ne sera pas le nombre qui servira, mais la supériorité. Il vaut mieux qu'ils soient peu, mais qu'ils soient les élus de la science et de la raison. Tous doivent paraître dignes d'être les collègues des Lagrange, des Daubenton, des Berthollet, dont les noms se présentent

tout de suite lorsqu'on pense à ces écoles où
doivent être formés les restaurateurs de l'esprit humain. Nous vous proposons d'appeler
de toutes les parties de la République, autour
de ces grands maîtres, des citoyens désignés
par les autorités constituées comme ceux que
leurs talents et leur civisme ont le plus distingués.........

» Aussitôt que seront terminés, à Paris, ces
cours de l'art d'enseigner les choses humaines, la jeunesse savante et philosophe qui
aura reçu ces grandes leçons ira les répéter
à son tour dans toutes les parties de la République d'où elle aura été appelée. Elle ouvrira
partout des écoles normales ; en repassant sur
l'art qu'elle viendra d'apprendre, elle s'y for-
tifiera ; et en l'enseignant à d'autres, la nécessité d'interroger leur propre génie agran-
dira leurs vues et leurs talents. Cette source
de lumières si pure, si abondante, puisqu'elle
partira des premiers hommes de la République en tout genre, se répandra d'espace en
espace dans toute la France, sans rien perdre
de sa pureté dans son cours... On ne verra
plus, dans l'intelligence d'une grande nation,
de très petits espaces cultivés avec un soin
extrême, et de vastes déserts en friche.

» La raison humaine, cultivée partout avec
une industrie également éclairée, produira
partout les mêmes résultats, et ces résultats
seront la recréation de l'entendement chez un

peuple qui va devenir l'exemple et le modèle du monde.

» Citoyens représentants, tels sont les points de vue sous lesquels l'institution de ces écoles normales s'est présentée à votre Comité d'Instruction. Cette idée, conçue par votre sagesse, est digne d'exciter votre enthousiasme. Revêtus d'un pouvoir sans bornes par la nature de votre mission comme Convention, vous vous féliciterez sans doute d'avoir eu entre vos mains, comme gouvernement révolutionnaire, des moyens tout prêts de faire avec rapidité ce bien immense à la République et au genre humain. — La résolution que vous allez prendre va être une époque dans l'histoire du monde. »

La Convention décréta le jour même l'impression de ce beau discours, et le 9 la création des écoles normales. Les administrations de districts étaient chargées de désigner, pour suivre les cours, un nombre d'élèves proportionné à la population (1 par 20,000). Ces élèves, âgés au moins de vingt et un ans, devaient être instruits déjà, car l'école déclarait qu'on ne leur apprendrait qu'une chose, l'art d'enseigner. Chaque élève recevait, comme les élèves de l'École polytechnique, un traitement annuel de 1,200 fr. pendant la durée du *cours normal* qui était de quatre mois. (*Moniteur* du 12 brumaire 1794, n° 42.)

Le 19, Lakanal proposa à la Convention,

Lakanal colon en Amérique (page 132).

comme professeurs à l'école de Paris, les plus grands noms de la science et des lettres, et la Convention n'eut qu'à applaudir, car *ces premiers maîtres d'école d'un peuple* étaient :

Pour les mathématiques : *Lagrange, Monge* et *Laplace ;*

Pour l'histoire naturelle : *Daubenton* et *Charles Bonnet ;*

Pour la chimie : *Berthollet ;*

Pour la physique : *Haüy ;*

Pour la botanique : *Thouin ;*

Pour l'hygiène : *Hallé ;*

Pour l'histoire : *Volney ;*

Pour la morale : *Bernardin de Saint-Pierre ;*

Pour la grammaire générale : *Sicard ;*

Pour l'analyse de l'entendement : *Garat ;*

Et plus tard, pour la littérature, la géographie et l'économie politique : *Laharpe, Buache* et *Van der Monde.*

Un troisième décret, du 22, nomma Lakanal et Sieyès *représentants près l'école normale.* Les élèves arrivèrent en foule, au nombre de 1,400, de tous les points de la République, et moins de trois mois après, le 1er pluviôse, l'ouverture de l'École eut lieu dans le grand amphithéâtre du Muséum d'histoire naturelle. « Ce fut un beau jour que celui où tous rassemblés, maîtres et élèves, debout et en silence, écoutaient pour toute installation, la grave et simple lecture du dé-

cret fondateur faite par celui dont la nette,
prompte et ardente sagacité d'esprit avait
tout inspiré : Lakanal, qu'il y a deux ans à
peine nous pouvions contempler encore, rude
et ferme vieillard, revenu de l'exil pauvre,
mais non méconnu, et entouré de respect
dans cette Académie des sciences morales
qu'il avait aussi contribué à fonder (1). » Une
acclamation unanime et enthousiaste suivit
cette lecture du décret fondateur ; et la
deuxième séance fut consacrée à la rédaction
d'une adresse que les élèves de l'École normale vinrent présenter à la Convention, le
8 pluviôse (27 janvier 1795).

« La carrière vient de leur être ouverte,
disaient les élèves, mais avant d'y faire les
premiers pas, ils viennent offrir à la patrie le
tribut de leur zèle et à la Convention nationale l'hommage de leur dévouement. Puissent-
ils, soutenus par la présence de vos dignes
collègues, y marcher d'un pas ferme et rapide. Puisse chacun d'eux recueillir un fais-
ceau de lumières, et le transmettre à ses com-
patriotes! Puissent-ils, par leurs travaux et
leurs succès, assurer dans toute la République le triomphe de la raison, de la saine
philosophie sur les ruines du préjugé, du fa-

____

(1) Inauguration de la nouvelle École Normale, de la rue
d'Ulm (4 nov. 1847). Discours de M. Dubois, directeur.
Journal de l'instruction publique, 1847.)

natisme et de l'erreur. » — Le président félicita la députation, et l'admit aux honneurs de la séance.

Le 15 pluviôse, l'infatigable Lakanal demanda 30,000 fr. pour l'achat et la distribution de livres aux élèves. Le crédit fut accordé, et l'enseignement de l'École suivit son cours. Des conférences étaient établies entre les maîtres et les élèves, et les leçons étaient recueillies par la tachygraphie (sténographie), comme on disait alors, sur un journal qui nous est resté, et qui témoigne de la haute valeur de cet enseignement. Comment se fait-il, pourtant, que quelques mois plus tard, l'École normale fut supprimée ?

Il est assez difficile de l'expliquer. Est-ce parce que l'École coûtait trop cher, comme le prétendait *Thibault*, dans la séance du 27 germinal ? Est-ce parce qu'on n'avait pas nettement déterminé son rôle ? Est-ce enfin parce qu'elle était un foyer de républicanisme, au moment où la réaction s'opérait déjà contre la République ; foyer qu'il fallait, au contraire, entretenir avec soin, comme le montrait Daunou, qui défendit l'école ? « Ses leçons, disait Daunou, ont élevé l'enseignement public au niveau de l'état actuel des connaissances ; et cet avantage mérite surtout d'être apprécié *à une époque où il convient de rassembler toutes les lumières et toutes les forces de la philosophie contre des préjugés qui se ré-*

veillent et contre des superstitions sans cesse renaissantes. »

Quoi qu'il en soit, dix décrets l'avaient constituée ; il suffit d'un seul pour la supprimer. La clôture en fut décidée pour le 30 floréal an III. Mais l'École normale répondait à un véritable besoin : elle fut rouverte par Napoléon pour fournir des professeurs à l'enseignement secondaire.

Il est regrettable que l'École normale ait été entraînée dans la servitude où était tombée l'Université ; sous l'Empire avec M. de Fontanes ; sous les Bourbons avec M. de Frayssinous ; sous Louis-Philippe avec M. Cousin ; il est regrettable surtout qu'elle ait été condamnée par la funeste loi de 1850, à apprendre et à enseigner une philosophie orthodoxe, une histoire officielle, une littérature estampillée. Elle a cependant formé des caractères indépendants au milieu de l'asservissement général de la nation, et elle a rendu d'incontestables services à l'enseignement public, aux lettres, et parfois à la liberté.

II. *L'Institut.*

Dans la pensée des législateurs, ce vaste édifice de l'instruction publique qui comprend les trois degrés d'enseignement : primaire, secondaire et supérieur, devait avoir un couronnement. Ce couronnement fut l'Institut national. L'Institut fut la dernière grande

création de la Convention, et dans cette
œuvre, comme dans l'établissement de l'É-
cole normale, nous aurons l'occasion d'admirer l'influence toute personnelle de Lakanal.

Nous avons vu que les anciennes académies royales avaient disparu devant un décret
du 8 août 1793 (1), sauf l'Académie des
sciences, qui avait obtenu de survivre, au
moins provisoirement, grâce à Lakanal. Cependant, l'idée de grouper entre eux les savants, de rattacher leurs travaux par un
lien commun, d'en faire une assemblée nouvelle qui serait comme l'abrégé du monde savant, et contribuerait à l'avancement général
des sciences, cette idée, émise par Talleyrand,
reprise par Condorcet, et qui n'est pas re-
poussée par le décret du 8 août 179 , cette
idée se retrouve dans le célèbre rapport de
Daunou qui aboutit à la loi du 3 brumaire

---

(1) Voici les premiers articles de ce décret, dont
Grégoire était le rapporteur :

« Art. 1. — Toutes les Académies et Sociétés littéraires,
patentées ou dotées par la nation sont supprimées.

« Art. 2. — L'Académie des sciences demeure provisoirement chargée des divers travaux qui lui ont été envoyés
par la Convention...

« Art. 3 — La Convention charge son Comité d'Instruction
de lui présenter incessamment un *plan d'organisation d'une
Société destinée à l'avancement des sciences et des arts.* »
Etc., etc.

an IV, sur l'instruction publique. Daunou disait le 27 vendémiaire :

« Nous avons emprunté de Talleyrand et de Condorcet le plan d'un Institut national ; idée grande et majestueuse, dont l'exécution doit effacer en splendeur toutes les académies des rois, comme les destinées de la France républicaine effacent déjà les plus brillantes époques de la France monarchique. Ce sera, en quelque sorte, l'abrégé du monde savant, le corps représentatif de la République des lettres, l'honorable but de toutes les ambitions de la science et du talent, la plus magnifique récompense des grands efforts et des grands succès. Ce sera, en quelque sorte, un temple national, dont les portes, toujours fermées à l'intrigue, ne s'ouvriront qu'au bruit d'une juste renommée.

» Cet Institut raccordera toutes les branches de l'instruction. Il leur imprimera la seule unité qui ne contriste pas le génie, et qui n'en ralentisse pas l'essor..... Vous verrez se diriger à ce centre commun, et s'y porter par une pente naturelle et nécessaire tout ce que chaque année doit faire éclore de grand, d'utile, de beau, sur le sol fertile de la France... Là, se verront, s'animeront et se comprendront, les uns et les autres, les hommes les plus dignes d'être ensemble ; ils se trouveront réunis, comme tous les représentants de tous les genres de gloire littéraire.... »

Aussi, le titre IV de la loi du 3 brumaire est-il consacré, tout entier, à l'*Institut national* (1), qui est sorti de cette loi.

L'Institut se composait de 144 membres résidant à Paris, et d'un nombre égal de correspondants répandus dans les départements. Il pouvait s'associer 24 membres étrangers.

Il se divisait en 3 classes, subdivisées, elles-mêmes, en sections : 1° sciences physiques et mathématiques ; 2° sciences morales et politiques ; 3° littérature et beaux-arts. L'unité de l'Institut reposait sur son mode de recrutement, ainsi déterminé : « L'Institut, une fois organisé, les nominations aux places vacantes seront faites par l'Institut, sur une liste au moins triple présentée par la classe où la place sera vacante. » Il était difficile de concevoir un corps plus équitablement composé (2).

Comment allait l'être le premier Institut ? La loi de brumaire portait que le Directoire exécutif nommerait un tiers du nombre total, c'est-à-dire 48 membres, qui éliraient les 96 autres. Mais la Convention attachait tant d'importance à ce premier choix qu'elle voulut désigner, elle-même, le *tiers-électeur* sur la présentation de son Comité d'Instruction publique. Or, c'est Lakanal qui eut l'honneur

---

(1) Cf. appendice, n° 3.
(2) Cf. appendice, n° 3. Note.

de présenter ces 48 premiers membres à la Convention. La fécondité intellectuelle de la France était si grande qu'il put proposer des noms accueillis alors avec enthousiasme et encore admirés. En effet, en tête de cette mémorable liste apparaissaient Lagrange, Laplace, Monge, Haüy, Fourcroy, Jussieu, Daubenton, Lacépède, Thouin, Sieyès, Parmentier, Bernardin de Saint-Pierre, Daunou, Garat, Delille, Lebrun, Houdon, Gretry, etc., qui s'adjoignirent bientôt Cuvier, Berthollet, Cabanis, Chénier, Sicard, David, La Harpe, et nommèrent à son tour Lakanal, chargé, avec Sieyès, d'être le législateur réglementaire de l'Institut. « Lakanal, dit M. Mignet, ne fut point élu pour ses livres, mais pour ses actes. Il est vrai que ces actes avaient été, ou de notables services rendus à l'esprit humain, ou d'utiles pensées transformées en institutions. »

Ce choix fait, et approuvé ensuite par le Directoire, l'Institut existait, et n'avait plus qu'à se compléter. Il s'y appliqua assez activement pour que le 15 germinal an IV (4 avril 1796), eût lieu la première séance *publique*, présidée par Daunou. En prenant, pour ainsi dire, possession de lui-même, devant la nation tout entière, un des premiers sentiments de l'Institut fut une pensée de gratitude pour Lakanal, pour l'ancien Président du Comité de l'Instruction publique, auquel, durant trois

ans, les sciences et les lettres avaient été si
redevables ; et l'astronome Lalande, dans son
discours d'inauguration, en consigna, au nom
de tous, la reconnaissante expression. « Le
voile de l'erreur est levé, dit Lalande ; notre
Assemblée en est la preuve. Le représentant
Lakanal n'a cessé d'y travailler depuis 1792.
Et je dois être ici l'interprète de la reconnaissance des savants, parce que j'ai été témoin
de son zèle et de ses efforts pour parvenir à
ce but que semblaient négliger les savants
eux-mêmes, affaissés, découragés, par la persécution et la terreur. »

Et de quels savants parlait l'orateur ! Jamais l'Institut n'a vu de réunion plus glorieuse. C'étaient, dans la classe des sciences
physiques et mathématiques : Lagrange, Laplace, Borda, Legendre, Delambre, Prony,
Berthollet, Monge, Fourcroy, Vauquelin,
Haüy, Dolomieu, Lamark, Jussieu, Daubenton, Lacépède, Cuvier, Portal, Thouin, Parmentier, etc. ; dans la classe des sciences
morales et politiques : Bernardin de Saint-
Pierre, Volney, Garat, Cabanis, Ginguené,
Mercier, Grégoire, Daunou, Cambacérès, Merlin (de Douai), Pastoret, Sieyès, etc. ; dans la
classe de littérature et des beaux-arts : Chénier, Lebrun-Pindare, Ducis, Delille, Collin
d'Harleville, Andrieux, Fontanes, Sicard,
Silvestre de Sacy, etc., David, Vien, Pajou,
Houdon, Gossec, Méhul, Gretry, etc.

Eh bien, c'est de cette incomparable Assemblée que Lakanal reçut alors la juste récompense de ses efforts, et la plus digne, la seule qu'il eût souhaitée en entrant dans la Convention : l'estime des âmes d'élite. Telle était, en effet, la simplicité des mœurs de cette époque héroïque. Ces grands patriotes, les généraux comme les civils, s'honoraient uniquement d'avoir pu servir leur pays. Hoche se contentait d'une paire de chevaux que lui envoyait le Directoire, et Lakanal se contentait du suffrage de l'Institut. La France était grande alors, et les mœurs vraiment républicaines. Mais Bonaparte allait venir.

Il semble que le rôle de Lakanal dans la Convention soit terminé ici, et que ce discret protectorat des sciences et des arts, cette part prise à l'organisation de l'instruction publique (écoles primaires, écoles centrales), comme aux grandes créations de l'enseignement supérieur (École normale, Institut), n'aient pas de meilleure conclusion que la mémorable séance de l'Institut, du 4 avril 1796. Ce n'est pas tout cependant (1). Lakanal parut sur le terrain poli-

---

(1) C'est tout pour ce qui concerne son rôle littéraire, car nous ne ferons que mentionner, pour mémoire, un décret relatif *aux langues vivantes,* un autre en faveur du musicien Grétry, et enfin, ce qui prouve son infinie sollicitude, un décret du 17 nivôse 1795, qui ordonne l'impression aux frais de l'État d'un traité de Daubenton *sur les moutons.* Trop de détails surchargeraient, outre mesure, ce petit livre.

tique dans les derniers mois de l'Assemblée. Il se mêla aux discussions d'où sortit la Constitution nouvelle, dite *de l'an III*. Il contribua à l'établissement des deux Conseils des *Anciens* et des *Cinq-Cents*, trouvant dans cette division du pouvoir législatif une garantie de prudence et de stabilité (séances du 29 messidor, du 6 thermidor et du 4 fructidor an III). Il travailla avec moins de succès à faire limiter l'action du pouvoir exécutif. C'est la Constitution de l'an III, dont Daunou fut le principal rédacteur, qui organisa le Gouvernement connu sous le nom de *Directoire*, et qui succéda à la Convention. La Convention se sépara, le 26 octobre 1795 (4 brumaire an IV), aux cris de : *Vive la République !*

CHAPITRE IX

LAKANAL SOUS LE DIRECTOIRE. MISSION SUR
LE RHIN. LE 19 BRUMAIRE

La place de Lakanal était marquée dans le gouvernement nouveau. Il fut nommé au Conseil des *Cinq-Cents* par l'Ariège et quatre autres départements. Dans la séance du 1ᵉʳ pluviôse an IV (21 janvier 1796), il prêta le serment de haine à la royauté prescrit à tous les fonctionnaires ainsi qu'aux dépositaires de l'autorité ; mais il accompagna son serment de la motion suivante :

« Le Conseil a ordonné que tous les fonctionnaires publics signeraient le serment qu'ils ont prêté. Vous savez combien, depuis le commencement de la Révolution, on s'est joué de la foi des serments. Je demande qu'un monument authentique les atteste et les conserve ; que le procès-verbal de cette séance soit individuellement signé de tous les membres, et déposé aux archives. »

La proposition fut adoptée. Elle permet de relever, sur le procès-verbal, entre autres noms ceux de :

11.

Cambacérès, archi-chancelier de l'Empire, duc de Parme.

Sieyès, sénateur et comte de l'Empire.

Merlin (de Douai), procureur général de la Cour de Cassation impériale.

Boissy d'Anglas, sénateur et comte de l'Empire ; et de bien d'autres dont le parjure a jeté moins d'éclat.

Dans le Conseil des *Cinq-Cents*, Lakanal se proposa la même tâche que dans la Convention. Dès le 14 brumaire an IV (6 novembre 95), il lut un long et curieux rapport sur un concours de *livres élémentaires*, ouvert le 19 pluviôse an II par la Convention. Parmi les nombreux ouvrages soumis au jury, Lakanal n'en distingue que deux, d'un genre bien différent, qui lui aient paru dignes d'attention, l'un sur la *natation*, l'autre sur la *morale*, et dont il propose l'impression aux frais de l'Etat. Des livres élémentaires, voilà ce que la Convention avait demandé, voilà ce que réclame encore l'instruction démocratique. Mais les livres qui se lisent le plus facilement sont aussi les plus difficiles à écrire.

Après avoir fait adopter les nouveaux règlements de l'Institut, rétablir l'ancien observatoire du collège des Quatre-Nations, et instituer une chaire d'astronomie pour Lalande, Lakanal crut sa mission terminée. « Le bon » citoyen, dit-il, accourt quand la patrie est » en danger. Il rentre dans la foule quand le le danger est passé. » Voilà pourquoi, dès le mois de mai 1797, il rentra dans la vie privée. Mais en 1798, il fut encore élu par le département de Seine-et-Oise. Il n'accepta pas son mandat. — Réélu, il refusa de nouveau, et fit insérer au procès-verbal cette déclaration : « Lorsque les armées ennemies étaient aux portes de la capitale, j'ai accepté les fonctions périlleuses de représentant du peuple. Aujourd'hui que les Alpes, les Pyrénées s'aplanissent sous la marche triomphale des armées françaises, je me retire à l'écart, avec mes livres et quelques amis, les seuls biens dont mon cœur soit avide. » — Il ne retrouva ces biens que pour quelques mois seulement.

Nommé commissaire général de la République, dans quatre nouveaux départements qui venaient d'être formés sur la rive gauche du Rhin, Lakanal accepta cette mission. Il y déploya les qualités qu'il avait déjà montrées dans la Dordogne, la vigilance, l'équité, l'habileté prudente et douce envers des populations que la victoire rattachait à la France, qu'il fallait leur faire aimer, et en même temps une sévérité intraitable, et une indignation vigoureuse envers les *pillards*. C'est ainsi qu'il nommait les fonctionnaires coupables qui pressuraient le pays et exploitaient l'armée. Il cite, non sans orgueil, dans son *Exposé*, la lettre que lui écrivait un général de l'armée du Rhin, pour le remercier des

services qu'il avait rendus, et une pétition de
la ville de Mayence au Directoire, pour obte-
nir le maintien de Lakanal dans ces fonctions
délicates où il avait su conquérir une si générale estime. Lakanal resta, mais le coup d'Etat
du 19 brumaire mit fin brusquement à sa mission.

Ce coup d'Etat, après les déplorables secousses du Directoire, c'était la fin de la République. Un républicain comme Lakanal ne
pouvait s'y tromper. Aussi, lorsque Bonaparte,
préparant une restauration de la monarchie,
cherchait autour de lui des auxiliaires, qui
allaient être des sujets, s'adressa-t-il vainement à Lakanal. Vainement il essaya de l'en-
rôler, comme tant d'autres, par cette lettre
flatteuse : « Les services importants que vous
avez rendus vous mériteront dans tous les
temps des droits à l'estime des hommes. »
Lakanal fit la sourde oreille. Plus tard,
Bonaparte le nomma membre de l'ordre nouveau de la Légion d'Honneur. Mais Lakanal
refusa de prêter serment. Il ne reçut pas la
croix. Il avait eu mieux naguère.

Il fallait vivre pourtant, avec cette liberté
fière et dédaigneuse, et Lakanal était pauvre.
Il l'avoue noblement :

« L'approvisionnement des places fortes
des bords du Rhin, l'établissement de la manufacture d'armes à Bergerac, le dépôt de
4000 chevaux dans la même ville, la naviga-

tion du Dropt, l'établissement de 19 écoles
centrales dans les départements, étaient une

Une visite   M. Mignet (page 134).

mine d'or à exploiter. Je n'en ai pas retiré
une paillette. En ce temps-là les dépositaires
suprêmes du pouvoir pouvaient dire ce que
Quinte-Curce fait dire aux soldats d'Alexandre :

« *vainqueurs de tous, nous manquons de tout, omnium victores, omnium inopes sumus.* »

Et il ajoute : *

« J'ai dû faire un honorable échange de mon travail contre un juste salaire. J'ai rempli longtemps la chaire de langues anciennes, vacante à l'école centrale de la rue Saint-Antoine par la mort de l abbé Leblanc, membre de l'Institut. » En 1809, il quitta l'Université, et jusqu'en 1814, en qualité d'inspecteur général des poids et mesures, il surveilla l'application du système métrique.

CHAPITRE X

LA RESTAURATION. LAKANAL AUX ÉTATS-UNIS.

Lorsque la chute de l'Empire et l'invasion de la France eurent ramené les Bourbons sur le trône, Lakanal perdit la place qui le faisait vivre, sa pension d'universitaire, et même son siège à l'Institut. On l'élimina de l'Académie des Inscriptions et Belles-Lettres, dont il était membre, depuis que Bonaparte, en 1803, avait supprimé l'Académie des sciences morales et politiques, le refuge des *idéologues*, comme il disait : « Je devins donc ilote, paria, » dans mon pays, écrivait plus tard Lakanal » à Geoffroy Saint-Hilaire, et je dus en sortir » pour n'y rentrer jamais. »

Il partit donc, de son plein gré, non pas chassé par les Bourbons, comme on l'a dit. Il partit avec un roi détrôné Jérôme Bonaparte, des généraux proscrits, Grouchy et Clauzel, un ancien conseiller d'Etat, Regnault (de Saint-Jean d'Angely); et ces débris de la Révolution et de l'Empire, réunis dans une commune disgrâce, allèrent demander asile à la jeune et déjà puissante République des Etats-Unis.

Ils y furent accueillis favorablement. Le

congrès leur accorda un territoire, dans le Kentucky, où ils fondèrent une petite colonie française. Lakanal, après avoir rendu visite à d'illustres citoyens de l'Union, bien faits pour le comprendre et l'estimer, au président Madison, à Monroe qui allait le remplacer, au vieux Jefferson, ami et successeur de Washington, à l'éminent orateur Henry Claye, rejoignit ses compagnons aux bords de l'Ohio. Toutefois cette existence quelque peu sauvage, dans de vastes plaines exposées à un climat rigoureux, était trop nouvelle pour lui, et il accepta la direction, qui lui fut offerte, de l'Université de la Louisiane. « Aux Etats-Unis, dit-il, j'ai fait honorer le titre de citoyen français. Nommé par le gouvernement de la Louisiane président de l'Université de cette belle et riche partie des Etats-Unis, je n'ai donné ma démission volontaire que pour me réunir à mes vieux amis, composant la colonie française du Tombecky. » (*Exposé sommaire.*)

Il laissait l'Université florissante, quand il la quitta, en 18?5, après quelques-unes des années les plus heureuses de sa vie. Il retrouva, au contraire, la colonie de l'Ohio en pleine décadence, presque abandonnée. Il acheta alors une belle propriété, dans le Sud, aux bords de la rivière Mobile, sous un ciel plus clément ; et cette fois, il devint colon, à soixante-trois ans. Mais dans le colon reparaissait l'ancien professeur. Il observait les mœurs des sauvages qui l'entouraient, il herborisait, il explorait le pays. Il écrivait, en 1831, à Geoffroy Saint-Hilaire, resté son ami et son correspondant fidèle : « J'ai suivi l'Ohio depuis Pitsbourg jusqu'à son embouchure dans le Mississipi, et descendu le vieux père des eaux jusqu'à la Nouvelle-Orléans. »

CHAPITRE XI

LE RETOUR, LES DERNIÈRES ANNÉES
ET LA MORT

C'est au milieu de cette existence, si différente de celle qu'il avait connue, aux temps
mémorables de la Convention, que vint le surprendre la nouvelle de la Révolution de juillet. Son cœur en fut rempli d'une vive joie.
La France lui était rouverte. Il offrit ses services au gouvernement qui remplaçait les
Bourbons. On ne lui répondit pas. Son nom
fut même oublié lorsque l'Académie des
Sciences morales fut reconstituée par une
ordonnance royale du 22 octobre 1832. Ce
n'est que le 22 mars 1834, et grâce à Geoffroy
Saint-Hilaire que l'Académie des Sciences
morales et politiques, déclara que Lakanal
reprenait, *de droit*, sa place dans la section
de morale. Cette délibération fut transmise à
Lakanal : « A présent, dit-il, je puis revenir,
car je rentrerai par la porte d'honneur. »
(Lettre d'août 1834 à Geoffroy Saint-Hilaire.)
Il ne partit cependant qu'en 1837, et ne toucha le sol de la patrie qu'en 1838.

« Un jour, dit M. Mignet, je vis arriver chez

moi, avec le vieil uniforme de l'Institut, tel qu'on le portait sous le Directoire, un homme qui avait la stature encore droite, des cheveux abondants et noirs, dont le visage était grave, le regard contenu, la bouche sévère, les manières décidées et polies, le langage spirituel et sententieux, et qui semblait appartenir à un autre temps. C'était M. Lakanal. Cet énergique vieillard alors âgé de soixante-quinze ans ne paraissait pas en avoir soixante. Une intelligence ferme, des habitudes tempérantes, une constitution robuste qui avait résisté aux solitudes âpres ou énervantes du Kentucky et de l'Alabama, tout comme aux secousses convulsives de la Révolution, lui avaient conservé la santé du corps et la vigueur de l'âme. Il disait avec autant de vérité que d'esprit : « mon extrait de baptême est vieux, mais non pas moi, et quand on me donne un grand âge, je réponds comme Moncrif à Louis XV : on me le donne, mais je ne le prends pas. » Il le prenait si peu qu'il se maria (1), et eut un fils à soixante-dix-sept ans, et qu'il célébra le quatre-vingtième anniversaire de sa naissance en partant à pied, le 14 juillet 1842, de la rue Royale-Saint-Antoine pour aller herboriser sur les coteaux de Montmorency, comme l'avaient fait son maître Jean-Jacques Rous-

____

(1) Mme Lakanal est morte l'an dernier, en 1880.

seau et son ami Bernardin de Saint-Pierre.

Qu'allait faire au milieu de nous, ce vétéran de la Révolution, ce vieillard égaré pour ainsi dire parmi des générations nouvelles, mais qui portait si allègrement le poids des années ? Il songea, un moment, à se remettre à la politique. Il écrivait dès son retour : « La liberté orageuse est préférable à un esclavage tranquille. J'irai dans l'Ariège. Je fus investi deux fois de la confiance de ce département. Qui sait ? J'ai la plénitude de mes facultés physiques et morales, et la tribune n'a pas perdu ma mémoire. » Mais nous venons de le dire, il était comme dépaysé au milieu d'hommes qui n'étaient pas ses contemporains, et dont les passions n'étaient plus celles qui avaient animé toute sa vie, ces passions dont la Convention avait été l'ardent et prodigieux foyer. Lakanal retrouvait bien un de ses contemporains, un ancien soldat de la République, lieutenant de Dumouriez à Jemmapes. Mais il le retrouvait bien changé ! Il le retrouvait sur le trône ; c'était Louis-Philippe. Lakanal avait cru à la République. Malgré Louis-Philippe, il y croyait encore. Aussi renonça-t-il à la politique, écœurante et stérile, car le ministère Guizot s'épanouissait alors dans toute sa bourgeoise corruption. Il revint à ses chères études.

Il avait composé deux principaux ouvrages : l'un était un *Exposé sommaire* de ses travaux et de sa vie, auquel nous avons fait de fréquents emprunts. L'autre, une série d'études sur l'Amérique qui devaient former trois volumes sous ce titre : *Séjour d'un membre de l'Institut de France aux États-Unis pendant vingt-deux ans.* Il avait, en outre, écrit des notes importantes pour l'histoire de la Révolution, et surtout de la Convention. Les notes sur la Révolution ont disparu à la mort de Lakanal, et avec elles les études sur les États-Unis. Mme Lakanal n'a jamais su comment. Mais on devine quelles mains avaient intérêt à les faire disparaître.

Avec l'étude, les séances de l'Institut étaient devenues le dernier intérêt de son esprit. « Il n'en manquait aucune, dit M. Mignet... Il y communiquait quelquefois les souvenirs de son existence agitée, et les observations qu'il avait recueillies durant son exil. » A la fin de 1843, il fut élu vice-président pour 1844 ; puis, en 1844, président pour 1845 ; mais, dans les derniers jours de 1844, il prit froid, sa santé s'altéra. Il languit plusieurs mois, serein et ferme jusqu'au bout. Il disait au docteur Lélut, son médecin, son ami et son collègue à l'Institut (1) : « Vos soins ne me sauveront pas ; je sens qu'il n'y a plus d'huile dans la lampe. » Il disait encore : « Je n'ai plus rien à

(1) Le docteur Lélut a laissé sur Lakanal des *Souvenirs*, inédits malheureusement.

faire dans la vie, je n'ai plus qu'à la bien quitter. » Et il ajoutait : « *Je n'ai regret à rien de ce que j'ai fait, et je verrai arriver sans crainte le moment de m'en expliquer.* »

Quelques heures avant d'expirer, il désira voir les nouveaux amis qu'il s'était attachés, après avoir perdu tous les anciens : M. Isidore Geoffroy Saint-Hilaire, qui a écrit un opuscule sur celui que son illustre père avait tant estimé ; David d'Angers, qui a fait de Lakanal un buste magnifique qu'il faut aller voir à l'Institut, et qui s'était épris pour ce survivant de la Convention de toute l'ardeur que le grand sculpteur portait à la République de 93. Ces amis dévoués arrivèrent trop tard. Lakanal venait de s'éteindre entre les bras du docteur Lélut. C'était le 14 février 1845.

Les mêmes amis lui rendirent les derniers devoirs au milieu de l'indifférence et de l'ingratitude publiques. Sauf la députation officielle de l'Institut, quelques membres des autres sections, MM. Carnot, Buchez, et quelques voisins, il n'y eut pas plus d'une vingtaine de personnes au convoi de Lakanal... Pauvre mémoire délaissée et méconnue !... Mais quoi ! tant de conventionnels étaient morts sur la terre d'exil, loin de cette France qu'ils avaient délivrée de la royauté, qu'ils avaient agrandie, qu'ils avaient défendue contre l'Europe coalisée ! Tant d'autres étaient morts chez eux, mais pauvres, seuls et oubliés ; que dis-je ? oubliés, reniés par leurs concitoyens, et comme exilés dans leur propre patrie !... N'était-ce pas beaucoup pour Lakanal que de mourir parmi les siens, dans sa modeste chambre, non loin du Jardin des Plantes ? de mourir tranquille et plein de jours, après tant d'épreuves ? d'emporter l'estime de quelques amis fidèles qui, dans le silence de la nation oublieuse, saluèrent sa tombe d'aussi nobles regrets :

« Invariablement fidèle aux pensées et aux souvenirs de sa jeunesse, disait M. de Rémusat, l'inflexible esprit de Lakanal avait résisté à toutes les épreuves. Son passé se lisait en quelque sorte sur son front sévère. Mais sa vieillesse était sereine. Il aima, jusqu'à son dernier jour, son pays, ses amis, les lettres. »

Carnot, député (le fils du grand Carnot), disait à son tour : « Lakanal disait encore, il y a deux jours, qu'il ne ferait pas autrement s'il avait à recommencer. J'ai vu mourir plusieurs de ses compagnons de révolution : *tous ont tenu le même langage, avec le même calme et la même confiance dans le jugement du pays qu'ils savaient avoir bien servi* (1). » Enfin, l'illustre économiste Blanqui s'exprimait en ces termes :

---

(1) A rapprocher des dernières paroles de Baudot, mourant exilé à Bruxelles (E. Quinet, *la Révolution*). C'est le même sentiment de confiance suprême dans l'œuvre et dans l'avenir de la Révolution. L'antiquité classique n'a

« Ce qui distingua surtout Lakanal, c'est le désintéressement et la fermeté stoïque du caractère. L'histoire en gardera sans doute quelques traits hors ligne. Qu'il nous suffise de dire qu'avant de mourir, repassant sa vie tout entière, il n'en désavouait aucun acte. Sa pauvreté répondait pour lui ; car Lakanal est mort pauvre, messieurs, pauvre de cette pauvreté qui eût effrayé une âme moins fière que la sienne, et qui serait inexplicable chez un homme d'une vie si simple, si austère, si bien ordonnée, sans la connaissance de ses malheurs, de ses vingt ans d'exil. Adieu donc, Lakanal ! homme simple et doux, citoyen intègre, noble et ferme caractère, adieu ! On ne pleure pas des hommes tels que toi : on les admire, et on tâche de les imiter (1). »

Nous ne saurions rien ajouter à ces graves paroles. Oui, il faut admirer, il faut surtout imiter Lakanal. Il faut ressentir la même passion que lui pour l'instruction et pour la liberté.

Jeunes gens des écoles, Lakanal a été un de vos bienfaiteurs. Aussi, est-ce pour vous qu'a été fait ce petit livre, où nous avons tâché

---

rien de plus beau que cette fin stoïque de beaucoup de conventionnels. Lire également, dans les *Misérables* de Victor Hugo, la mort du vieux conventionnel. Livre Ier, chap. x.

(1) On pourra lire ces discours dans le *Moniteur* du 7 février 1845.

de conter sa vie simplement, comme elle s'est
écoulée. La ville de Foix va élever une statue
à Lakanal. Paris a donné son nom à une de
ses rues. Mais c'est vous, espoir de la France
nouvelle, qui pouvez consacrer au vieux et
cher conventionnel le monument le plus durable : le souvenir reconnaissant d'une jeunesse qui veut être instruite, parce qu'elle
veut être libre.

APPENDICE N° 1.

Bibliographie

Nous avons cru devoir énumérer et apprécier rapidement ici tous les travaux qui ont déjà été consacrés à Lakanal, et que le lecteur pourra consulter, si nous avons réussi à l'intéresser à notre sujet.

Au premier rang, il faut placer ce qu'a écrit Lakanal lui-même, c'est-à-dire l'*Exposé sommaire de la vie et des travaux de J. Lakanal*, un volume in-8°, chez Didot, Paris, 1838. Ce n'est pas une biographie à proprement parler. L'auteur ne se laisc. point aller à ses souvenirs personnels et aux épanchements intimes qui nous feraient entrer dans le secret de sa vie. Ce n'est qu'un recueil de documents (discours, rapports, articles de journaux, lettres officielles, etc.) qui raconte, simplement mais éloquemment, la vie politique de Lakanal. Lakanal, en effet, ne s'adresse pas au public. Il ne s'adresse qu'à l'Institut. Il vient de rentrer en France : il reprend sa place dans l'Académie des Sciences morales, et son livre est sa lettre de recommandation auprès de collègues qui ne reconnaissent pas, ou qui le connaissent mal. — Tel qu'il est, malgré sa simplicité qui con-

fine à la sécheresse, ce petit livre est d'un
grand prix pour l'histoire de Lakanal.

Il faut citer ensuite dans l'ordre de leur
publication : 2° *Vie et travaux de Joseph
Lakanal*, par Isidore Geoffroy Saint-Hilaire,
1 vol. in-8°. Paris, 1849 : (Extrait de deux
numéros de la *Liberté de penser*.)

Opuscule qui se lit avec un vif intérêt
parce qu'il est écrit avec beaucoup de chaleur
par un homme qui a connu et aimé Lakanal,
et qui joint à ses souvenirs personnels la correspondance de son père avec Lakanal. Nous
y avons cependant relevé des erreurs chrono-
logiques.

3° Une *Notice* de M. Mignet, lue à l'Académie des Sciences morales et politiques dans la
séance du 2 mai 1857, et qui se trouve repro-
duite dans ses *Éloges historiques* (1 vol. chez
Didier, 1864). C'est le travail le plus connu
sur Lakanal.

Personne, plus que nous, n'admire le talent
et n'estime le caractère de M. Mignet. M. Mignet est un de ceux qui honorent les lettres
de notre temps. Mais il nous est impossible
de nous associer à la réserve, et même à la
timidité avec laquelle, dans cette notice,
M. Mignet apprécie certains actes politiques
de Lakanal. Il nous est impossible de penser comme lui au sujet de l'exécution de
Louis XVI, et surtout d'admettre sa déso-
lante conclusion, au sujet de la République.

La mort de Lakanal : « Je ne regrette rien de ce que j'ai fait. » (Page 138)

M. Mignet est un libéral de l'école de 1830. Il y a des hommes et des événements que cette école ne peut pas comprendre.

4° *Lakanal*, avec une préface de Pascal Duprat, par Marcus; brochure imprimée à Foix, 1879; éditée à Paris, chez Marpon, in-8°.

Cette publication est consacrée presque entièrement à l'œuvre politique de Lakanal. Après une exposition, assez confuse, des premières années de la Révolution, l'auteur retrace la mission de Lakanal en Dordogne, et les discussions relatives à la Constitution de l'an III. Pour le reste de la vie de Lakanal, il s'en rapporte à M. Mignet, qu'il cite longuement.

La seule partie neuve et intéressante est la dernière qui raconte une visite faite à la veuve de Lakanal. Dans cette visite, l'auteur a vu des fragments d'écrits de Lakanal, et il cite beaucoup d'extraits de ses notes et de ses papiers familiers. Toutefois, sauf un assez long passage sur la Convention, ces détails inédits n'ajoutent pas grand'chose à ce que nous connaissons déjà. Ce qui manque à ce travail c'est l'ordre et l'unité. La figure de Lakanal s'y dessine trop confusément. Le bienfaiteur de l'instruction publique ne s'y révèle nulle part (1).

---

(1) Les papiers inédits de Lakanal se trouvent aujourd'hui entre les mains de M. Nigoul, secrétaire du Comité pour l'érection de la statue Lakanal. Voir le journal *le Temps* du 1er février 1881.

Enfin, quand nous aurons cité quelques ouvrages particuliers, tels que ceux de MM. *Clamageran, Darnaud, Lavigne* (Toulouse, chez Capdeville, 1880) nous aurons terminé cette bibliographie du sujet.

Pour ce qui concerne l'instruction publique durant la Révolution, nous ne pouvons que renvoyer aux ouvrages spéciaux.

APPENDICE N° 2.

Comité d'Instruction publique.

(Extrait de l'Almanach national de l'an II)

Le comité, établi par le décret du 2 octobre 1792, est composé de plusieurs membres. Il s'est divisé lui-même en treize sections, et le travail s'est partagé entre ces treize sections, ainsi qu'il suit :

PREMIÈRE SECTION.

De l'organisation générale de l'instruction publique, d'une Commission à établir pour la composition ou l'examen des ouvrages élémentaires destinés à l'instruction publique.

DEUXIÈME SECTION.

De l'éducation morale.

Du régime intérieur des différents établissements.

Des mesures à prendre relativement aux pensionnats.

De la responsabilité qu'on peut exiger de ceux qui auront des pensionnaires.

Et des établissements particuliers d'éducation, dans leurs rapports avec les établissements publics.

TROISIÈME SECTION.

De l'éducation physique.

QUATRIÈME SECTION.

De l'éducation des femmes.

CINQUIÈME SECTION.

De l'éducation des orphelins.
     —   des aveugles-nés.
     —   des sourds et muets.

SIXIÈME SECTION.

Des écoles d'industrie.

SEPTIÈME SECTION.

Des voyageurs.

Des bibliothèques, musées, collections et de la correspondance générale.

Du mode d'enseignement dans les différents degrés d'instruction.

Du mode d'enseignement dans les lieux où la langue française est peu usitée.

HUITIÈME SECTION.

Des examens, des prix et encouragements, de la révision de la loi sur les brevets d'invention, de celle sur le bureau de consultation, et du bureau d'administration du commerce.

NEUVIÈME SECTION.

Des fêtes nationales.

DIXIÈME SECTION.

Des élections aux places vacantes.

De la première formation de la société nationale (Institut) et de tous les degrés de l'enseignement.

ONZIÈME SECTION.

Du traitement et des pensions de retraite ; des bourses attachées aux établissements de l'ancien régime.

DOUZIÈME SECTION.

De la bibliographie.

Du catalogue général de toutes les bibliothèques des établissements religieux et autres supprimées.

L'objet de ce travail est de faire connaître toutes les richesses littéraires de la République, de former des collections précieuses de livres pour chaque département, et d'opérer

13.

la vente de tous ceux que la commission des savants, chargée d'en faire l'examen, aura jugés inutiles : ce travail est déjà avancé.

TREIZIÈME SECTION.

Indépendamment des objets dont on vient de donner la notice, le Comité d'Instruction publique s'occupe d'un travail particulier sur la valeur et les produits des biens dépendant des établissements d'instruction publique. Il entretient à ce sujet une correspondance assez suivie avec tous les directoires de départements et de districts ; mais quoiqu'il leur ait fait passer des instructions très claires, et des modèles d'état très détaillés, il n'en a reçu que des éclaircissements très imparfaits. On sera vraisemblablement obligé de recommencer le travail. Les états envoyés par les administrations n'ont pu donner jusqu'ici un résultat, ni même un aperçu suffisant des revenus et des dépenses des établissements d'instruction publique.

Il est impossible de n'être pas frappé de l'étendue et de la variété des questions que le Comité se proposait d'étudier. Il en est quelques-unes (2°, 3°, 4°, 6° sections), sur lesquelles, même aujourd'hui, on ne reviendrait pas sans profit. Mais nos législateurs songent bien à s'inspirer de la Convention !

APPENDICE N° 3.

Loi sur l'organisation de l'Instruction publique du 3 brumaire an IV de la République.

La Convention nationale décrète :

. . . .

TITRE IV.

Institut national des sciences et des arts.

Article 1er. — L'Institut national des sciences et des arts appartient à toute la République. Il est fixé à Paris. Il est destiné : 1° à perfectionner les sciences et les arts par des recherches non interrompues, par la publication des découvertes, par la correspondance avec les sociétés savantes et étrangères ; 2° à suivre, conformément aux lois et arrêtés du Directoire exécutif, les travaux scientifiques et littéraires qui auront pour objet l'utilité générale et la gloire de la République.

Art. 2. — Il est composé de membres résidant à Paris, et d'un nombre égal d'associés répandus dans les différentes parties de la République. Il s'associe des savants étrangers dont le nombre est de 24, 8 pour chacune des trois classes.

Art. 3. — Il est divisé en trois classes, et chaque classe en plusieurs sections.

Art. 4. — Chaque classe de l'Institut a un local où elle s'assemble en particulier.

Art. 5. — Chaque classe de l'Institut publiera, tous les ans, ses découvertes et ses travaux.

Art. 6. — L'Institut national aura quatre séances publiques par an. Les trois classes seront réunies dans ces séances.

Il rendra compte, tous les ans, au Corps législatif, des progrès des sciences et des travaux de chacune de ses classes.

Art. 7. — L'Institut publiera, tous les ans, à une époque fixe, les programmes des prix que chaque classe devra distribuer.

Art. 8. — Le Corps législatif fixera, tous les ans, sur l'état fourni par le Directoire exécutif, une somme pour l'entretien et les travaux de l'Institut national des sciences et des arts.

Art. 9. — Pour la formation de l'Institut national, le Directoire exécutif nommera 48 membres, qui éliront les 96 autres.

Les 144 membres réunis nommeront les associés.

Art. 10. — L'Institut, une fois organisé, les nominations aux places vacantes seront faites par l'Institut sur une liste au moins triple, présentée par la classe où une place aura vaqué.

Art. 11. — Chaque classe de l'Institut aura dans son local une collection des productions de la nature et des arts, ainsi qu'une bibliothèque relative aux sciences ou aux arts dont elle s'occupe.

Art. 12. — Les règlements relatifs à la tenue des séances et aux travaux de l'Institut seront rédigés par l'Institut lui-même, et présentés au Corps législatif, qui les examinera dans la forme ordinaire de toutes les propositions qui doivent être transformées en lois.

Visé. Signé : Enjubault. — Collationné. Signé : L.-M. Revellière-Lepeaux, ex-président ; Boucher-Sauveur, secrétaire ; Roger-Ducos, ex-secrétaire.

NOTE

Après sa formation, le premier acte de l'Institut fut le *serment de haine à la Royauté*, qu'une députation vint prêter en son nom, devant le Conseil des Cinq-Cents, le 1er pluviôse an IV (21 janvier 1796). L'orateur de la députation était Lacépède. Lacépède qui jurait, ce jour-là, haine à la Royauté, fut plus tard président du Corps législatif impérial, et comte de l'Empire. Aussi bien, importe-t-il de s'entendre au sujet de l'Institut.

Tel qu'il avait été conçu par Talleyrand, Condorcet et le Comité conventionnel d'Instruction, l'Institut était destiné à rendre à la science les plus grands services ; et le recrutement déterminé par la loi du 3 brumaire an IV, en faisait véritablement, selon les expressions du rapporteur Daunou, « l'abrégé du monde savant, le corps représentatif de la république des lettres ».

Mais, dès le Consulat, l'Institut perdit ce caractère, et il fut désormais, sous l'influence du Gouvernement, une petite église aristocratique et privilégiée, c'est-à-dire, exclusive et routinière ; forcée, pour vivre, de s'appuyer sur le pouvoir, de lui soumettre ses choix, de subir son contrôle ; mais, en échange, investie

par lui du privilège d'éblouir les naïfs, et de
faire descendre, magistralement, sur les fronts
prosternés, la science orthodoxe, la seule pa-
tentée, la seule pensionnée, et surtout déco-
rée. L'Institut a survécu à la liberté. Voilà
son malheur.

TABLE DES MATIÈRES

VERSAILLES. — IMPRIMERIE CERF ET FILS, 59, RUE DUPLESSIS.

www.ingramcontent.com/pod-product-compliance
Ingram Content Group UK Ltd.
Pitfield, Milton Keynes, MK11 3LW, UK
UKHW022034070726
13613UKWH00002B/519